家和萬事興

和諧家庭

的幸福密碼

黃亞凝 主編

家是濤濤你是船，
遠航萬里，
也靠家的保障。
一個和諧的家，
才能放飛夢想，
才能收穫未來！

崧燁文化

家和萬事興：和諧家庭的幸福密碼
目錄

目錄

總序

第一篇 夫妻恩愛：和諧家庭的定海神針

一、執子之手，與子偕老 7
　（一）夫妻關係是家庭關係的 NO.1 7
　（二）幸福的婚姻需要真愛的滋養 11
　（三）愛情加麵包才是完美生活 17
　（四）幸福婚姻的黃金法則 21
　（五）「算計」一下婚姻 25
　（六）小情趣，大生活 29
　（七）床單下的祕密 33

二、相愛容易，相處難 37
　（一）男人來自火星，女人來自金星？ 37
　（二）不要拿你的衡量標準要求對方 42
　（三）不要把工作規則帶回家 46
　（四）「懶漢」丈夫與「管家」妻子 50
　（五）私房錢不私 54
　（六）親愛的，有話好好說 57
　（七）別讓沉默斷送了婚姻 62
　（八）「齊人之福」，是禍不是福 67

第二篇 愛子有方：和諧家庭的大智慧

一、家是最好的學校 73
　（一）父母決定孩子的一生 73
　（二）做好父親這一終生職業 77
　（三）好媽媽勝過好老師 81
　（四）塑造孩子的自我價值 85

3

　　（五）快樂學習勝過好好學習 ... 90
　　（六）好習慣要從小養成 ... 94
　　（七）孩子的情商管理重於智商提高 ... 98
　二、別錯用了愛的名義 ... 102
　　（一）好孩子真的「好」嗎？ ... 103
　　（二）孩子的搗蛋可能另有隱情 ... 107
　　（三）黃金棍下出不了「好人」 ... 111
　　（四）父母，別把壓力轉嫁給孩子 ... 115
　　（五）溺愛是一種偷懶的愛 ... 119
　　（六）培養孩子，不如「陪養」孩子 ... 123
　　（七）如何面對沉迷於網路的孩子 ... 127
　　（八）懂得分離的愛才是真愛 ... 131

第三篇 孝親愛幼：和諧家庭的必修課
　　（一）給父母的愛不能等 ... 137
　　（二）盡孝其實很簡單 ... 142
　　（三）讓父母的幸福感增加一些 ... 146
　　（四）婆媳關係，最微妙的家庭關係 ... 149
　　（五）婆媳親疏，兒子有責 ... 153
　　（六）長輩的退休生活需要子女協助規劃 ... 156
　　（七）老小孩難管也要管 ... 160
　　（八）管教孩子，（外）祖父母是配角 ... 164

第四篇 睦鄰友愛：和諧家庭的配樂
　　（一）有禮有節，親人更親 ... 169
　　（二）遠親不如近鄰 ... 173
　　（三）「鄰里節」促進社區關係更和諧 ... 176
　　（四）良師益友助推家庭和諧 ... 180

後記

總序

孩子的健康成長關係著千家萬戶的幸福，更關係著中華民族的未來和希望。家庭是一個孩子在從出生到走入社會的過程中重要的生活空間，是培養和教育孩子的重要園地。家庭教育是學校教育的重要延伸和必要補充，具有不可替代的特殊作用。

家長們在面對孩子時會遇到各種特殊情況和疑難問題，如何開展家庭教育、指引孩子健康成長，本叢書提供了一系列的「診斷」和建議。在編寫過程中，編者們參閱了大量國內外家庭教育方面的經典案例，結合兒童和青少年的身心特點和成長規律，文字通俗易懂、生動形象，能讓您在輕鬆快樂中感受、領悟、學習、借鑑，也能讓您在實踐應用中有所收穫，與孩子一起成長、共同進步，共建和諧美滿的愛心家園。

整套叢書選擇了多個當下家庭教育和家庭關係處理中的熱點問題，分別從「好父母好教育」「隔代教育藝術」「留守兒童教育」「單親家庭教育」「青春期教育」「孩子關鍵期教育」「獨生子女教育」「和諧家庭建設」等視角進行了研究，並提出瞭解決問題的辦法和有益的借鑑，指出了改進教育的理念方法和有效措施，解答了家庭教育中普遍存在的突出問題，不僅形式上有所創新，內容上與時俱進，而且有較強的可讀性，具有普遍的推廣和指導價值。

透過此套叢書，我們由衷希望家長朋友們能全面系統、直截了當地認識到，家庭教育是建立在血緣親情基礎之上的教育，不同於學校教育，更不同於社會教育，有其自身的特殊性，在孩子的健康成長中起著不可替代的基礎性和保障性的作用。然而現實中，有的家庭忽視了家庭教育，讓孩子錯失了很多本來很好的成長機會；有的家庭雖然重視家庭教育，但沒有章法，不懂得必要的心理學和教育學知識，科學性不夠。這兩者顯然都無法完整地實現家庭教育的功能。科學合理、充滿善意、溫暖和諧的家庭教育，往往決定了孩子的成人心智、成長水平、成才後勁和成功高度。為了我們共同傾注愛和

家和萬事興：和諧家庭的幸福密碼
總序

　　關懷的下一代，為了我們共同期望的未來社會的棟梁之材，我們需要對家庭教育高度重視、不斷反思、探索總結、終生學習。

　　家長朋友們，教育是一項極為複雜、沒有常式的心靈事業，因為每個孩子和家庭的情況都有很多不一樣的地方。因此，在具體的教育過程中，希望家長朋友們一定要因人而異、因勢利導、順勢而為，針對不同的情況，適時更新教育理念，適時轉變教育觀念，選擇正確、合理的教育方式，才能達到較為理想的教育效果。

　　世界上有許多事情可以等待、可以重來，唯獨孩子的成長不能等待、不可重來。毫無疑問，家庭教育是一項極為神聖、永無止境的靈魂事業，讓我們共同堅守、共同努力，傾注關愛和熱情，提供氧分和空間，幫助引導孩子仁心向善、天天向上、揚帆向前、一生精彩，讓您的家庭真正成為愛的港灣和心靈的家園！

　　叢書由廖桂芳教授擔任總主編，由魏巍、鄧杉、鄭廷友三位副教授擔任副總主編，由一線優秀教師聯袂編寫而成。系列叢書編寫者中有大學生的人生導師，有中學班導師，有小學的辛勤園丁，還有教育培訓機構的培訓老師。我們透過講故事、找問題、給對策和提建議的方式，和每一位家長一起來為孩子的成長尋找合理的方向和適當的道路。親愛的家長們，沒有哪一條路是最好的，也沒有哪一種方法是通用的，但是我們的心卻都一樣——「放孩子們到寬闊光明的地方」。懷著這樣的願望，我們和您一起分享這套書，希望您的孩子有一個海闊天空的世界，伴著智慧和勇氣，去跨越，去成長！

編者

第一篇 夫妻恩愛：和諧家庭的定海神針

家庭是社會的細胞，婚姻則是維繫家庭的紐帶。一個家庭是否和諧，婚姻幸福與否是基礎。

夫妻間的理解、包容和恩愛是家庭和諧的主旋律。夫妻恩愛不但有益於雙方的婚姻關係，更可作為子女學習的典範，讓他們學習如何建立健康、親密的人際關係。家和萬事興，夫妻恩愛將給對方和整個家庭提供無盡的動力和歡樂。

一、執子之手，與子偕老

愛情都是美麗的，雖然你們的愛情或許並不動人；

戀愛中的人們都是美麗的，雖然你們都很平凡。

大街上，一位安詳的老婦人和一位從容的老人微笑著，從不同的方向面對面地走近，然後微笑著，鼻尖頂著鼻尖地站著，雙手緊緊地握在一起。身後西下的陽光把他們的頭髮和笑容染成一片暖暖的金黃，身旁的人們也被他們的幸福溫暖著。

「執子之手，與子偕老」大概是一種並肩站立，共同凝望太陽升起、落下的感覺；大概是一種天變地變情不變的感覺；亦或許是一份沒有驚天動地、花前月下，只有一份陪伴、一份執著的相守。有真愛的幸福，無關金錢、物質，沒有算計。一點小的情趣，也會給生活帶來無限的幸福。

（一）夫妻關係是家庭關係的 NO.1

家有煩心事

王女士 28 歲，江先生 29 歲，兩人在參加工作時經人介紹認識，戀愛兩年後結婚。婚前雖經濟條件有限，但兩人過得浪漫而溫馨。結婚後不久，妻

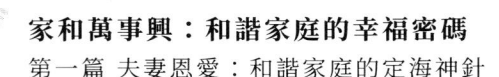

子就懷孕了。經過十個月的孕育，王女士生下了一個白白胖胖的兒子，之後便辭職在家當起了全職媽媽。她將一切重心都放在寶貝兒子身上，逛街也只買與兒子相關的衣服、玩具和用品。原來稱呼老公「親愛的」，現在叫「孩兒他爸」了，叫孩子就是「我的寶貝兒」。王女士白天全部時間都用來陪孩子，晚上丈夫下班回家也不聞不問了。原來小兩口週末還會去看電影、喝咖啡，而現在一切都給了孩子。丈夫回家後，感覺有時候自己就像多餘的人一樣。在孩子半歲時，江先生又把老家的母親接到了城裡，幫忙照顧兒子，婆媳倆有時又會因為照顧小孩的方式不同而爭吵。江先生現在雖有了兒子，但所有人的愛全部給了兒子，甚至還會因此而吵鬧，江先生很是苦惱。

心理透視

家庭是傳遞愛的載體，從父母到孩子，再由孩子向下傳遞。家庭中居第一位的，不應是親子關係，而應是夫妻關係。對此，國內知名的心理學家曾奇峰曾說過，夫妻關係是「家庭的定海神針」，在有公婆、夫妻和孩子的「三世同堂」家庭中，如果夫妻關係穩定，那麼這個家庭就會穩如磐石。

夫妻是人生伴侶，是共命運者。所有的家庭關係中，夫妻關係應該是第一位的，即使在原生家庭也是一樣。父母和子女就像樹根和枝葉一樣，首先出現伴侶之間的愛，才能支持和滋養他們對孩子的愛。只有在家庭中保持這樣的序位和關係結構，孩子才能感到安全，才能專注於自己的成長。

原生家庭並不是你的家庭

原生家庭是指自己出生、成長的家庭，原生家庭對人們的影響如同遺傳密碼一般，刻進人們的人格、行為模式中。即便原生家庭和睦，有些方式也會對新生家庭產生不良影響，尤其是父母對子女在生活上過分關愛和在經濟上過多支持。過分關愛和過多支持其實就是溺愛和控制，不僅使子女缺乏自食其力和處理關係的能力，還會無端地擾亂小兩口的生活秩序和相互磨合、建立默契的過程。

為了伴侶之間的愛，我們就必須放棄最原始、最親密的愛——小時候形成的對父母的依附。

男孩主要受母親的影響。他如果不能突破這種影響，就無法成長為一個珍惜女人並維持長久伴侶關係的男人，無法成為一個好的爸爸，也無力維持一段平等的男女關係。

女孩開始的時候也是深受母親的影響，後來才逐漸感受到父親的魅力。她如果繼續在父親的影響下做爸爸的乖女兒，也許可以成為一個親密的伴侶，但很難成為一個好媽媽，也很難成為一個平等的伴侶。一個女孩必須離開生命中的第一個男人——父親，才能把自己交給伴侶，變成一個成熟的女性。

不論是愛戀或是憤恨，為了確立成功的親密關係，我們就必須犧牲和轉移兒童時期形成的對父母的依戀。

和諧密碼

孩子，不該是你唯一的愛

著名「家庭排列系統」的創始人海靈格告訴我們，幸福的家庭關係是這樣的：夫妻倆親密並肩站立，孩子站在父母中間靠前的位置，形成穩定的等腰三角形關係。孩子要受到爸爸媽媽的同步呵護才有安全感。媽媽代表情感，爸爸代表理性，孩子靠情感來滋養內在的生命，靠理性來發展外在的世界。同時沐浴在來自父母雙方的陽光雨露中的孩子才能茁壯成長。

從結構來看，很多家庭的親子關係存在著問題，典型的有下面兩種情況。

一種情況是爸爸很喜歡女兒，家庭關係的結構是爸爸拉著女兒的手，媽媽站在父女的後面。在這種關係中，女兒就代替媽媽成了爸爸的心靈伴侶。無形之中，這樣的關係對孩子會產生沉重的生命壓力。女兒從小就會覺得，她必須代替媽媽承受爸爸生命中的一部分。等她長大以後，她也永遠沒有辦法來正常面對爸爸，因為她覺得自己有責任使爸爸幸福。由於女兒代替了媽媽的位置，她就把媽媽的責任扛在了自己的肩上，在無形中增加了壓力。

另一種情況是媽媽跟孩子手拉手，爸爸站在後面。這種情況下，兒子（大多是兒子，也有女兒的情況）就代替爸爸成了媽媽的心靈伴侶。媽媽從心理

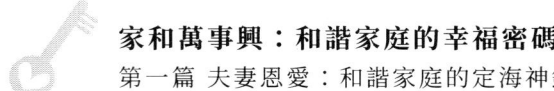

上依賴兒子,製造出「我跟你相依為命」的概念,孩子會認為「媽媽的幸福就由我負責了」。

這兩種情況都是混亂的家庭秩序,會導致夫妻中的一方被排除在家庭的歸屬感之外,帶給家庭不穩定因素。同時,孩子會覺得沒有受到重視,甚至會以為這一切都是自己的錯,是自己加劇了爸爸和媽媽之間的矛盾,導致爸爸媽媽親密感、幸福感的缺失。孩子的自我責備,也會給孩子未來的婚姻甚至一生帶來困擾。

如果父母對孩子的愛比他們夫妻之間的愛重要得多,家庭就會面臨不能正常發揮功能的危險。孩子需要在完整的關愛中成長;孩子不需要有負擔,必須把自己所有的生命能量都放在自我成長和自我建構上。如果父母回歸愛的序列,父母之間的愛就享有優先權。你就能馬上看到,孩子覺得父母是相稱的一對,孩子會很輕鬆。這樣,家裡的每個人都感覺良好。當父母彼此相愛時,孩子就會覺得輕鬆自如、自信快樂、有安全感。有人會說,我讓我的孩子跟同齡人建立關係,那他長大以後人際關係就會很好。需要提醒的是,這並不是關鍵,孩子未來跟任何人的關係都取決於他(她)同爸爸和媽媽關係的模本。

小叮嚀

夫妻關係的實質是男人和女人的關係

如果夫妻彼此之間沒有足夠的接受和付出,夫妻就會求助於自己的孩子以期得到安慰和安心,這時的家庭角色和功能就顛倒了。孩子沒有能力抗拒這種期待,他們會覺得對父母有責任。當家庭陷入這種模式時,每一個人都將痛苦不堪。當家庭中的孩子呈現出過分的、不適當的重要性時,這種家庭注定是不幸福的。因為,沒有一個孩子能夠滿足父母的情緒需求,填補父母內心的空虛。

在夫妻關係中,只有當丈夫是一個真正的男人,並且維持一個真正男人的身分時,才會保持對妻子的吸引力。同樣,只有當妻子是一個真正的女人,並且維持一個真正女人的身分時,才會保持對丈夫的吸引力。夫妻雙方都擁

有對方所需要的，也都需要對方所擁有的，他們在一起彼此互補，使自己完整的同時也使對方完整，並達到相互付出和接受的平衡，以此加固著他們特有的親密關係。

子女不是唯一的愛

要想營造一個健康的家庭環境，就必須將夫妻關係置於家庭中最重要的位置。不過，我們的文化傳統的確有這樣的傾向：重親子關係而輕夫妻關係。夫妻關係只是完成傳宗接代的工具，是給長輩和晚輩服務的載體。但是，不管你多麼敬愛父母，你終究要離開他們，過你自己的生活；不管你多麼愛兒女，他們也終究要離開你，過他們自己的生活。而配偶，才是那個真正陪伴你一生的人。所以，勢必要割捨的，就不要讓它成為最愛。

當然，這並不是說我們要把最多的愛留給配偶。相反，當老人和孩子需要照顧時，我們必須要把更多的資源給他們。但是，我們一定要懂得，夫妻是最愛，孩子才能從父母的關係中學會樂觀、互動、欣賞、愛戀。夫妻才是真正陪伴一生的伴侶，只有當夫妻形成堅固的親密共同體，才能對雙方的原生家庭和子女提供強有力的、長期穩定的支持和幫助。

如果是女兒，就要對自己說，媽媽才是爸爸最愛的人，自己不是；

如果是兒子，就要對自己說，爸爸才是媽媽最愛的人，自己不是；

如果是父親，就要對女兒說，我愛你，但媽媽才是能陪伴我一生的人；

如果是母親，就要對兒子說，我愛你，但爸爸才是能陪伴我一生的人。

這才是健康家庭之道。

（二）幸福的婚姻需要真愛的滋養

家有煩心事

陳飛結婚已經 7 年，他逢人便說的一句話是：「千萬別太早結婚！」每天早晨起床一睜眼，就是那張熟悉得不能再熟悉的面孔。日復一日的工作和

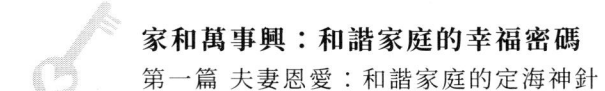

家庭瑣事，今天油鹽醬醋茶、明天七大姑八大姨……一切的浪漫和驚喜都會被日常瑣事消磨得一乾二淨。用陳飛的話說，就是「乏味透了」。

陳飛和妻子相識於大學校園，與所有校園情侶一樣，他們有過花前月下，有過甜言蜜語，有過海誓山盟。大學畢業後，經過三年努力工作，兩人事業基本穩定，且小有積蓄。加上父母的幫助，他們首付了一套兩房的房子，幸福地走到了一起。婚後兩年，他們有了一個可愛的女兒，還買了車，父母也過來幫忙照顧生活。一切都那麼水到渠成、讓人心滿意足，親朋好友都十分羨慕。

然而，忙碌的工作、吵鬧的孩子、妻子的埋怨、丈夫的冷漠、複雜的姻親關係、繁重的生活壓力，不知不覺便疏遠了夫妻關係。兩人最初在一起時的樂趣逐漸轉變成乏味的日常瑣事，愛情被消磨了。

妻子說：「那個曾經體貼入微、幽默風趣的陳飛不見了。如今回家很晚，到家就睡覺。即使在家，不帶孩子，也不搭理我！」她已記不起上一次和他傾心交談是什麼時候了，更不要說溫存了！妻子覺得他們的愛已走遠，這樣的日子還不如離婚！

陳飛說：「那個曾經溫柔可人、善解人意的女生不見了。如今只剩下衣冠不整、喋喋不休的怨婦。」他也知道妻子又上班又帶孩子很辛苦，還要處理婆媳關係。但妻子也該考慮丈夫的不易啊，哪怕是整潔的穿著、細心的慰問、聊聊孩子以外的話題！陳飛覺得這段婚姻已經沒有愛情了。

那麼，如何使平淡瑣碎的婚姻生活重新充滿歡樂呢？

心理透視

陳飛與妻子真的沒有愛了嗎？他倆的婚姻該何去何從？其實很多人都在這段文字裡看到了自己的影子，我們的婚姻又何嘗不是平淡得激不起一絲漣漪！其實愛並沒有走遠，是我們不瞭解愛，不懂得經營愛。

愛情保鮮期

科學家研究發現，愛情的保鮮期是 18～30 個月。愛情其實是由大腦中釋放大量的化學物質多巴胺、苯乙胺、後葉催產素，給人以巔峰般的體驗。但是，我們的大腦不可能長期不斷地大量釋放這些物質，因為神經細胞只有在受到新異刺激時才會興奮。固定的兩性關係在兩年左右就會使人體對這些物質產生抗體，也就難以再興奮起來了。

婚姻的需求

每個人對婚姻都是有需求的，而且男女在婚姻中的需求和期待各不相同。

1. 男性的婚姻需求排序

第一位：性滿足。一般而言，男性比女性的性要求強烈。性對於男性代表著自我的成就和征服感。男人感到最痛苦的莫過於無法達到性愛的圓滿，這是他們自我評估的主要準則之一。

第二位：志趣相投。妻子要當丈夫的朋友和玩伴，對丈夫的愛好感興趣。如果妻子能陪老公玩所有他喜歡的項目，那他還會再去找其他玩伴嗎？

第三位：妻子的吸引力。有人說男人是用視覺談戀愛和過生活的。女人應注重自己的形象，無論是在外還是在家。妻子漂亮，丈夫自然歡心。

第四位：相夫教子。對於男人而言，他希望妻子能幹賢慧，在家裡照顧好孩子和家庭。

第五位：讚賞與欽佩。丈夫希望自己的妻子崇拜他、讚美他，所以妻子不妨慷慨地對丈夫大加讚揚吧！

2. 女性的婚姻需求排序

第一位：溫情、浪漫、慈愛。有人說女人是靠聽覺來戀愛和生活的。其實，女人很簡單，一句蜜語、一句讚美、一個擁抱就能換來她們對男人無限的付出。

第二位：傾訴。女人天生愛嘮叨。當妻子向丈夫傾訴工作和生活的不順心時，聰明的丈夫就該把同情和理解傳遞給她，幫她分析問題並開導她。

第三位：忠誠、坦率。女人最看重的是男人對自己的真誠，對家庭的忠誠。男人千萬別撒謊，如果撒了一次謊，女人就會懷疑你之前說過的話全部是謊言。

第四位：經濟支持。愛情難於量化，女人常將愛情與男人對自己的經濟付出進行衡量；幸福難於評價，妻子常將丈夫的經濟實力作為參照。男人不妨掙錢努力一點，對自己的妻兒大方一點。

第五位：完整的承諾。女人需要一個男人完整的承諾，一旦許諾，丈夫就一定要完整地實現承諾。

和諧密碼

愛情是婚姻的前提，婚姻是愛情的昇華

(1) 經常回憶熱戀。結婚以後，兩人應經常回憶婚前熱戀的情景，這樣能喚起夫妻的情感共鳴，增加浪漫色彩，使雙方更加嚮往未來，從而增進夫妻感情。

(2) 安排再度蜜月。結婚時的蜜月，是夫妻倆感情最濃的時期。婚後，如果能利用節假日安排去異地度蜜月，再造兩人的愛情小天地，重溫昔日美夢，定能不斷掀起愛河波瀾，使夫妻感情越來越濃。

(3) 慶祝紀念日。結婚紀念日、對方的生日、定情紀念日等，都是夫妻雙方愛情史上的重要日子。屆時，採取適當形式予以紀念，定能使雙方都感到對方深深的愛意。

(4) 補償往昔

「情債」。不少夫婦在結婚時由於條件所限，未能採取理想的形式來回報對方的愛意。若干年後，當條件具備時，完成這些當初未盡的事宜，就會使對方覺得這是個重情重義的人，情誼自然倍增。

(5) 不忘取悅愛人。有些男女，婚前總要想方設法取悅對方，但婚後便不再在意對方的感受了。妻子應一如既往地溫柔賢淑，關心丈夫；丈夫也要繼續幽默大方，體貼妻子。

(6) 製造意外驚喜。出乎意料地使對方驚喜，是注入婚姻的「興奮劑」。為對方買一件他（她）很想得到的物品，創造一個對方沒有準備卻非常喜歡的活動等，都可製造出意外驚喜，從而使雙方在驚喜中迸發出強烈的感情火花。

(7) 小別勝新婚。在過了一段平靜的夫妻生活後，有意識地離開對方一段時間，故意培養雙方對愛人的思念，再歡快地相聚。這會把平靜的夫妻感情推向一個新的高峰。

(8) 注意自身形象。注意形象不但可以取悅對方，而且也是在公眾場合下讓對方有面子的做法。

(9) 防止子女奪愛。不少夫婦在有了子女後，往往把情感全用到了子女身上，卻忽視了愛人的感情需要。記住，不要因為子女而冷落愛人，影響夫妻關係。

(10) 保持性生活的新鮮感。性生活是聯絡夫妻感情的重要途徑，良好的性生活是鞏固和發展夫妻感情的必要保障。透過改變性生活的時間、地點、體位等辦法，使夫妻雙方都從新鮮的性生活中獲得新鮮的感受，使夫妻的感情之花永保新鮮。

(11) 保留個人隱私。肚量再大的人，對於愛人的情史也會產生醋意。因此，保留些個人隱私是鞏固和發展夫妻感情的明智選擇。

(12) 支持愛人的事業。無論男女，都不能只顧自己的事業而忽視對方的事業，更不能強求對方犧牲事業來服從自己。

小叮嚀

「婚姻原本是個空盒子，先要將準備好的真愛放進去，再細細經營，慢慢填滿，你放進什麼，就取得什麼。」

——畢薇薇（著名作家、畫家劉墉的妻子）

真愛來臨，果斷把握

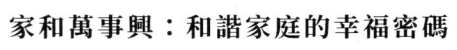

家和萬事興：和諧家庭的幸福密碼
第一篇 夫妻恩愛：和諧家庭的定海神針

1968年，剛滿20歲的劉墉考入師範大學美術系，並且以超群的能力很快成為學校「寫作協會」的會長。這時的他，才華橫溢，青春激揚，但低調、矜持。

那一天，劉墉和畢薇薇共同作為學校的優秀學生代表接受電臺的採訪。平時在女孩子面前很少說話的劉墉竟然一下子打開了話匣子。此後，兩人交往的機會逐漸增多。

劉墉幼年喪父，家境貧寒；畢薇薇，成績優異，正準備出國深造。當畢薇薇瞭解劉墉的成長經歷之後，不但不嫌棄他，反而更加愛慕。在大四那年，劉墉和畢薇薇正式結合了。沒有儀式，也沒有禮金，有的只是兩個相愛的人，和見證了那一感人時刻的同學們。

相愛容易，相守不易

婚後的生活並非如他們想像的一樣順利。由於經濟拮据，這對新婚夫婦只能與劉墉的母親一起居住在貧民區裡艱難度日。劉墉大學畢業後進入臺北市成功高級中學當美術教師，但要養活年邁的母親和懷孕的妻子，還是有些力不從心。即便在這樣困苦的環境中，夫妻兩人依舊快樂地生活著，患難攜手。日子雖然難挨，卻充滿了暖融融的愛意。劉墉隨後進入電視公司工作，短短幾年，便成為臺灣「最受歡迎電視記者」。

劉墉因為工作太忙，無數個日日夜夜，畢薇薇只能獨自照顧著家庭。劉墉不在家的日子裡，畢薇薇將一家子的生活打理得井井有條，婆婆心滿意足，兒子也健康成長。畢薇薇用心細細經營這份愛情、家庭，得到了劉墉更加深厚的愛戀和感激。

1980年，劉墉被聘為紐約聖約翰大學的專任駐校藝術家及國畫指導教授。經歷了兩年半的分離，畢薇薇終於帶著婆婆、兒子前往美國，一家人在漫長的離別後重新團聚了。

執子之手，與子偕老

劉墉與畢薇薇牽手走過了30多個年頭，但是時間卻絲毫沒有消磨掉他們的愛情。相反，這份愛隨著歲月的疊加而變得愈加真切、醇厚。

如今，劉墉能抽出更多的時間陪伴妻子，帶她出遊。他們常在別人羨慕的目光中手牽手走在街上，幸福前行……

（三）愛情加麵包才是完美生活

家有煩心事

男孩來自偏遠的山區，家徒四壁，還需要支付兄妹幾個的學費和生活費，償還家裡欠下的幾十萬塊外債。女孩清純漂亮，同樣來自鄉下，雖然家境一般，但從小到大沒吃過什麼苦，也沒為生計發過愁。畢業後，他們留在大都市打工，在城市邊緣過著蟻族的生活。雖然工資不高、出租屋很窄，兩人卻甜蜜地相互取暖、憧憬未來。

屋漏偏逢連夜雨，男孩的爸爸身患重病，使得兩人的生活更加拮据，連一日三餐都無法保證。女孩的父母極力反對，警告女兒如果和男孩在一起就斷絕親子關係，並且同時忙著幫女孩換工作、安排相親。剛開始，女孩認為這樣會違背對男孩的真心，因為她很愛這個男孩。但貧窮的日子的確太難挨，女孩看不到希望。

親朋好友都勸女孩答應父母的要求，可憐天下父母心，父母只是希望女兒過上衣食無憂的生活。女孩拗不過家人，與一個比自己大十六歲的男人結了婚。男人有自己的公司，整天忙於工作和應酬，無暇顧及女孩。兩人沒有共同語言，也無共同愛好，連在一起說話的時間都沒有。女孩過上了別人眼裡貴婦般的生活，衣食無憂，但她除了錢，只剩下寂寞。

心理透視

愛情是婚姻的前提

婚姻是夫妻雙方相互瞭解、接納對方、協調彼此的感情行為。只有男女雙方在心理上相互溝通，達到彼此價值觀、信仰、觀念、個性特點上的相互默契、相互欣賞、相互尊重、協調一致，才能達到一種高層次的心靈相愛。

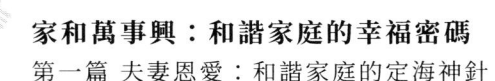

從心理學角度來講，婚姻應該滿足個人需求，包括愛、安全、自信、生育和家庭權威的需求。其中，愛的需要在婚姻中是最重要的，最先滿足的也應是愛情的渴求。婚姻中的愛也應包含著誠實、責任心和親和力，還有自信的需求。每個人都渴望被認可、讚美和平等對待，在愛人面前更是如此。婚姻生活中彼此鼓勵，能增加對方的自信。

世上沒有完全相同的兩片樹葉，更沒有完全相同的兩個人。夫妻雙方——兩個性格不同、愛好不同、背景不同的人，要在同一個屋簷下生活，只有相互遷就和妥協才能共處。

物質是婚姻的基礎

有人說「沒有愛情的婚姻是不道德的」，其實，沒有物質的婚姻也是不現實的。

貧賤夫妻百事哀。拋棄所謂婚前的浪漫與甜蜜，真正走入婚姻的兩個人的生活是簡單而平實的生活，是共同承擔的生活。因為物質是第一性的，精神是第二性的，海誓山盟的戀人，因為愛情進入婚姻，又因為經濟拮据放棄婚姻的例子比比皆是。

生活原本就有無奈，婚姻中的兩個人要面對生育、養育、贍養背後的尷尬，面對著一連串數字背後的疲憊不堪。當我們在沒有任何經濟基礎卻憧憬著愛情的單純、婚姻的無私時，當體會到婚姻生活的窘困時，簡單的愛情、純粹的精神很難為日常生活埋單。正如馬斯洛在需要層次理論中提到的，低級需要是吃、喝、性等生理的需要，當低級需要得到滿足後，人們才會追求尊重與愛的高級需要。

為什麼不少人寧願先選擇麵包，而不選擇玫瑰？因為麵包可以延長你的生命，而玫瑰卻只是一時的芬芳。

幸福婚姻＝愛情＋麵包

愛情是美好的，可如果沒有麵包填飽肚子，哪有力氣談情說愛？再美好的愛情也會變得黯然失色。婚姻是漫長的，如果沒有愛情調劑生活，哪有信心天長地久？隨著時間的推移，也許兩人的愛情會變成親情，但仍然離不開

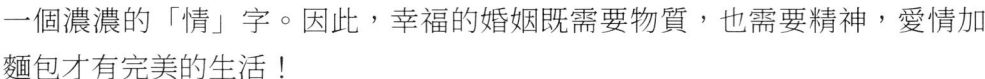

一、執子之手，與子偕老

一個濃濃的「情」字。因此，幸福的婚姻既需要物質，也需要精神，愛情加麵包才有完美的生活！

和諧密碼

　　幸福的婚姻，愛情和麵包缺一不可。現實的婚姻，卻常常是愛情與麵包難以均衡。我們在擇偶前，要理解真愛、瞭解自己；在擇偶時，既要看重愛情，也要考慮物質，理性擇偶。

理解真愛

　　真愛是包容而不是放縱，是關懷而不是寵愛，是相愛而不是單戀，是百味而不全是甜蜜。

　　真愛不一定是他人眼中的完美匹配，而是相愛的人彼此心靈的相互契合，是為了讓對方生活得更好而默默奉獻。真愛是一種從內心發出的關心和照顧，它不需要華麗的言語，不需要浪漫的行動，只有在點點滴滴、一言一行中才能體會那份平實、那份堅守。

瞭解自己

　　在進入婚姻之前，一定要瞭解自己，瞭解你是怎樣的一個人，你最想要怎樣的生活。因為，你是怎樣的人，就會選擇怎樣的愛情。

　　如果你更看重愛情，那麼你要找一個相愛的人結婚，否則你會在生活中因缺愛而痛苦；如果你更看重金錢，那麼你可以找一個物質優於愛情的伴侶。一旦選定，你就要為此承擔後果，不要貪婪地婚前重物質，婚後又奢求無微不至的關愛和陪伴。

理性擇偶

　　如今的年輕人希望與又美又富有的對象相愛，因為這樣的婚姻裡既有愛情又有物質，但這只是一種理想狀態。

　　物質層面的「高富帥」和「白富美」只是幸福婚姻的表象，精神層面的「高富帥」和「白富美」才是幸福婚姻的內核。原因在於時間，因為婚姻意

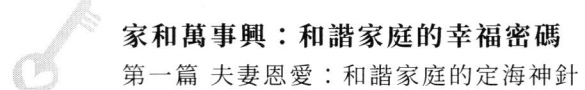

味著兩個人共度漫長的生命旅程，歲月會剝蝕外表、顯露內核，能讓「矮窮挫」蛻變成「高富帥」，也能將「土肥圓」歷練成「白富美」；反之，亦然。男人真正的「高富帥」是「高於素養，富於實踐，帥在內涵」，女人真正的「白富美」是「白於品性，富於思想，美在心靈」。

現實中的幸福婚姻比比皆是。關鍵是要求男女雙方要擁有共同的生活目標和相似的價值觀，在平等相處中相互扶持，彼此欣賞。

踏實生活

一方面是行為的踏實。努力為美好生活而打拚，分享生活中的喜怒哀樂，擔當生活中的旦夕禍福，用一生來沉澱幸福、品味幸福。

另一方面是內心的踏實。理性地看待對方，合理地評價對方，積極發現他（她）的優點。不要盲目攀比，虛榮與慾望會讓淺薄的人痛苦地生活在別人的陰影之下。

小叮嚀

愛情夾在麵包裡

愛情有長有短，麵包有大有小，取捨之間，也是一個鍛鍊的過程。

經歷了愛情，進入婚姻，才發覺，其實愛情和麵包從來都是不離左右的。婚姻，就像一個生意興隆的麵包店，它的麵包是用愛情做餡的。

當愛情來臨的時候，她選擇了愛情。但做這個選擇的前提在於他一定要和她一樣，充滿著對未來的期望，擁有著烤出香甜麵包的好手藝。換言之，當愛情與麵包需要選擇時，她選擇的不是愛情，而是一個有信心和她一起打拚未來、追逐麵包的同伴。她愛他，無論他手中的麵包是大是小，抑或是還未烤出的！但是，一定要以愛情做餡。沒有麵包不可怕，可怕的是沒有烘烤麵包的決心和手藝。她會清楚地告之「這樣的你，趁早出局！」因此，愛情和麵包，無輕重之分，只有先後之說。

愛情在前，麵包在後。她不會因為他手中那又大又飽滿的麵包而心動，因為沒有餡的麵包只為果腹之用，無法成為一道甜點。她亦不會因為他送上

的那芬芳可口的愛情而失去主張，因為再香甜的餡，吃多了都會膩，必須輔之以主食，才能成為一盤家中必備的小點。他們的愛情夾在麵包中，和相愛的人一起烘焙，在未來的日子裡，他們的麵包才會越來越大，越來越香甜！

（四）幸福婚姻的黃金法則

家有煩心事

許多年前，拿破崙三世和世上最美麗的女人依琴妮·蒂芭女伯爵雙雙墜入情網，並且很快結了婚。他的大臣們紛紛指責蒂芭僅是西班牙一個沒落世家的女兒，可是拿破崙回答道：「那有什麼關係呢？」是的，她的優雅、青春、美麗已經使他喜不自勝，覺得自己太幸福了。他興奮地向全國宣布說：「我已挑選了一位我所敬愛的女子，我不能要一個素不相識的女子。」拿破崙皇帝和他的新婚夫人具有一般美滿婚姻所必備的條件——健康、聲望、財富、權力、美麗、愛情。神聖的結合之火從來沒有像他們這樣熾烈又輝煌。

可是沒多久，這股熾烈、輝煌的火焰漸漸冷卻下來，終於只剩一堆餘燼。拿破崙可以使蒂芭小姐成為皇后，但是他愛情的力量、國王的權威，卻無法制止她的嘮叨和喋喋不休。嫉妒、猜疑，使她侮慢他的命令，她甚至拒絕與他做夫妻間的韻事。

她闖進他處理國事的辦公室，攪擾他和大臣的機要會議；她不容他單獨一個人，總怕拿破崙跟別的女人相好；她常常去找她姐姐，抱怨她的丈夫……訴苦、哭泣、嘮叨不休；她常闖進他的書房，暴跳如雷、惡言謾罵……拿破崙身為法國元首，擁有十餘所富麗的宮殿，卻找不到一間小屋容他靜住。

「……拿破崙時常於夜間，由宮殿的一扇小門潛出。他用一頂軟帽遮住眼部，由一個親信侍從陪著，去與一位正期待著他的美麗女人幽會；或者在巴黎城內漫遊，觀賞一些國王平時不易見到的夜生活。」

依琴妮·蒂芭小姐的吵鬧得到了什麼？這就是答案。

——摘自名著《拿破崙與依琴妮——一個帝國的悲喜劇》

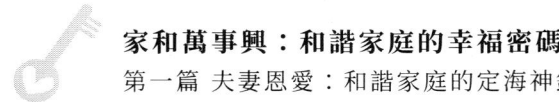

第一篇 夫妻恩愛：和諧家庭的定海神針

心理透視

每一對夫妻在結婚之初心中都充滿了愛，都期待著甜蜜的一生，名人也不例外。我們對婚姻憧憬太多，希望從婚姻中獲得更多的幸福、快樂、安全、理解和支持；我們深愛對方，希望更親密、更相似、更同步，卻忘記了彼此人格的獨立和差異；我們把他（她）當成了自己人，就忘記起碼的尊重和自由。

家庭中充斥著嘮叨、爭吵、打鬧、猜忌、貶低、沉默……而這些著實是婚姻的致命傷！

1. 嘮叨抱怨

不少夫妻常常嘮叨對方家務做得少、掙錢不夠多、不關心自己，抱怨對方不誠實、不真誠、不專一等。更有甚者，不光在家抱怨，還將這些不滿告訴身邊的人。

生活中有嘮叨、抱怨是難免的，但這些「負能量」說得太多，不但別人聽著心煩，自己也會因為反覆說反覆強調，而更加堅信對方的這些「缺點」。這些嘮叨會使夫妻關係變得更差。

2. 爭吵打鬧

夫妻總是為同樣的事情反覆爭吵，就如同原地踏步，不僅不能解決任何問題，還會越吵越心煩，陷入惡性循環。

爭吵和打鬧的背後是恐懼感，因為夫妻雙方內心深處都害怕被拋棄、被拒絕、被認為不合適。只有當夫妻雙方完全地相互信任、無條件地愛對方，兩人才會展示自己的缺點。夫妻雙方只有找到引起衝突的導火線，努力加以改變，才會避免為同樣的事反覆爭吵。

3. 負面情緒相互傳染

一位丈夫說：「當我下班後回到家，我感覺很高興，但妻子卻很疲憊，而且還承受著上班的壓力，這也毀了我的好心情。我覺得，讓別人心情變差比讓人心情變好容易得多。」

情緒易於傳遞和傳染。當對方出現負面情緒時，我們千萬不要不假思索地接受、隨他（她）一起不開心，而是要及時認識到對方的情緒變化，主動調整自己的心情，保持樂觀心態，用積極的情緒感染對方。久而久之，一方積極樂觀才能帶動另一半走出情緒的低谷。

4. 諷刺挖苦

有人認為表達感受比向對方敞開心扉更安全，但這些表達可能富有攻擊性。你可能向對方傳遞了生氣、沮喪等情緒，卻沒有表達出你的真實想法。

弄清楚自己的真實想法和想要說的話，思考後再講出來，千萬不要使用透露著「惱怒」和「厭惡」的話語。

5. 過分擔憂對方的身體健康

妻子認為丈夫是家裡的頂梁柱，丈夫不把自己的健康當回事，就是對家庭不負責任、不愛妻子，因此不斷要求對方就醫、吃藥，禁止對方吃某些食物。

這是一種「共存」的婚姻關係，一方認為要對另一方的健康負責，因此對對方加以控制，這會令人沮喪。強迫對方做事只能導致相互不滿和憎惡。許多夫婦認為必須步調一致才能幸福，然而不同的人之間對健康的認識存在很大差異，應該尊重夫妻間的差異。

6. 不拘小節有些人認為家就該是放鬆的場所，可以表現出最真實的自己，因此可以在家蓬頭垢面、衣不蔽體。

家庭生活不能過於隨意，長此以往，對方會覺得不受尊重。因此，雙方應該表現出足夠的成熟和尊重。

和諧密碼

美國著名臨床心理學家哈里特·勒娜博士在新書《婚姻法則：已婚和同居者的指導手冊》中提到：消極等待對方的改變只能加速婚姻的毀滅，最好的辦法是自己積極行動起來。勒娜博士在書中提到了幾點夫妻相處的最佳法則。

家和萬事興：和諧家庭的幸福密碼
第一篇 夫妻恩愛：和諧家庭的定海神針

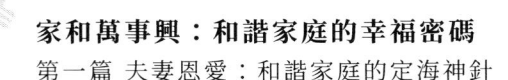

法則一：想像你家住著一位客人。很多已婚人士對待陌生人的態度遠勝於對待伴侶的態度。勒娜博士曾接受一對夫婦的諮詢，這對夫妻只要單獨在一起就會扯著喉嚨互相指責。於是，勒娜建議他們的一位同事搬來與他們共住幾個月。結果，夫妻兩人變得相敬如賓。因此，勒娜博士指出，想像家中住著一位客人，會使伴侶控制自身情緒的能力大大提升。

法則二：每天最多批評對方一次。隨著兩人彼此的熟悉程度加深，讚美的語言會越來越少，批評的話卻越來越多。沒有人能夠忍受批評勝過欣賞的婚姻關係。所以夫妻雙方要「三緘其口」，理想情況下，每天至多批評對方一次。

法則三：牢記三句話原則。很多男性都害怕陷入無休止的爭吵中。最讓男人煩惱的是女人生氣時說話的語速、句子數量和音量。所以放慢說話速度、儘量以三句話、降低音量、表達自己的意思，這樣做不僅可以避免爭吵，還能提高溝通效率。

法則四：不吝嗇隨時隨地的讚美。我們經常透過讚美的方式鼓勵孩子養成好習慣，卻忘了把這一招用到伴侶身上。此外，還可以經常做一些讓伴侶感到被愛、被珍惜的事情，如為對方洗腳……小事情往往最能溫暖對方的心。

法則五：學會聆聽。當雙方都很放鬆時，說什麼都容易接受。當一方頭腦發熱或滔滔不絕時，最好的辦法就是先靜靜聆聽。

小叮嚀

美國最專業的婚姻研究專家之一戴維·奧爾森調查了 2151 對夫妻，並總結出婚姻幸福的「十宜」和「十忌」。

十宜：

良好的溝通。

遇到問題，雙方共同想辦法解決。

製造親密感。

不約束和控制對方。

經常聊天。

彼此欣賞。

獨處和共處時間平衡。

親友少干涉。

有一致的金錢觀。

培養共同的愛好。

十忌：

爭奪「領導權」。

一方太固執。

子女教育觀念不同。

過於挑剔。

總希望對方陪自己。

精神上不給對方空間。

不願承擔責任。

總是小心翼翼。

對伴侶期望值過高。

夫妻差異難以消除。

（五）「算計」一下婚姻

家有煩心事

有一對夫妻在剛結婚時，先生對太太說：「我們辛苦一點，努力賺錢，到時候能買個房子就好了。」太太也很高興地說：「好，我們一起努力。」

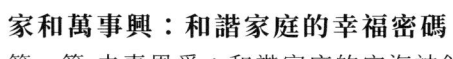

家和萬事興：和諧家庭的幸福密碼
第一篇 夫妻恩愛：和諧家庭的定海神針

過了幾年之後，他們賺了一些錢，買了房子。太太生了孩子後，先生工作越來越好，錢也越賺越多，卻常常加班不能回家吃晚餐。先生常對太太說：「我們再辛苦一點，再賺更多的錢，過幾年換個大房子。」太太也很支持他，一個人照顧孩子，先生很晚回家的時候，她還會熱飯熱菜給他吃。又過了幾年，先生的職位越來越高，賺的錢也越來越多，他真的換了個更大的房子，不過女主人卻已經不是她，換了別人。

另一對夫妻生活在某大都市，奉行「及時行樂、提前消費」原則。結婚時父母幫他們備好了婚房，他們每月總收入加起來 10000 元，生活無憂，但花錢大手大腳，不知道理財。他們辦理了 11 張信用卡，滾動提款還款，最終陷入信用危機。兩人都怪對方生活奢侈、不知節儉，因此牽連到兩個家庭，吵得不可開交。

心理透視

上面案例中的兩對夫妻都因為錢影響了原本堅固的愛情。金錢是幸福生活的保障，因此我們要努力地掙錢改善生活，更要明智地理財，積累財富。但金錢不是幸福生活的全部，我們在努力掙錢的同時，不要忘了抽出時間陪家人，不要在富裕的路上丟失了比金錢更寶貴的東西。

不要在金錢面前迷失了自己

這個世界上的很多人在追求利潤、追求金錢方面出了問題：我們賺的錢越來越多（或者是賺的錢不多，但付出的時間很多），幸福感卻越來越少。金錢和幸福不成正比，有時候我們需要好好想想，怎樣去賺得幸福，而不單想著怎樣去賺錢。

兩個人之前本來很幸福，但在追求更多、更好的過程中，最初的目標不見了、改變了。人想要的總是越來越多，離幸福卻越來越遠。《聖經》上說，你的財寶在哪裡，你的心也在那裡。想想看，我們的心常常在哪裡呢？

一個健康的家庭平衡預算的方式是看看家庭中需要哪些東西來讓家人更幸福。我們需要花一些錢來增進家庭的幸福，也要明白需要用多少錢來增進

家庭幸福。要花的這些錢我們要用多少時間去賺，而不是毫無目標地拚命去賺錢，結果卻沒有把錢用在對的地方。

不要因無知丟失了你的財富

「你不理財，財不理你。」

家庭理財就是管理自己的財富，進而提高財富效能的經濟活動。其意義在於給家庭帶來更多的安定感，使家庭財產在穩定性、安全性、增值性和減少非預期性等方面實現最佳組合。

絕大部分年輕人都希望工作幾年就可以擁有自己的住房和汽車；希望退休後能繼續有收入來源，獨立地享受生活；希望當自己或家人遭遇意外時能夠對巨額的醫藥費應對自如；希望家庭在面對意外支出時不會束手無策等。這一切理由，便是理財的意義所在。特別是對於剛建立家庭的年輕夫婦來講，更需要及早規劃家庭的未來，如養育子女、購買住房、添置家用設備等。同時，還有可能出現預料之外的事情，也要花費錢財。

和諧密碼

無論家庭中有幾個人，無論是新婚燕爾還是金婚夫妻，都離不開柴米油鹽醬醋茶，都會在生活中面臨一個非常重要的問題——錢。經濟狀況是擺在家庭每一位成員，尤其是夫妻面前的第一大問題。如何理財，是每對夫妻必學的知識。

如何管錢？

有人認為誰掙得多歸誰管錢；有人認為要由女方管錢；有人認為誰擅長管錢就由誰管錢；也有人認為兩人共同管理更好。其實誰來管錢並不重要，重要的是如何管。首先在管理資金的時候應是「一人主導，兩人知曉」的模式。具體而言，應注意以下幾點。

量入為出，掌握資金狀況。首先應建立理財檔案，對一個月的家庭收入和支出情況進行記錄，然後對開銷情況進行分析，比如哪些是必不可少的開支，哪些是可有可無的開支，哪些是不該有的開支。另外，也可以開通網上

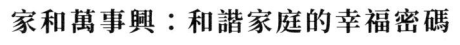

銀行，隨時查詢餘額，使兩人對家庭資金瞭如指掌，並根據存款餘額隨時調整自己的消費行為。

強制儲蓄，逐漸積累。資金的原始積累都比較困難，剛開始理財時，需要到銀行開立一個零存整取帳戶。每月發了工資，首先要考慮去銀行存錢；如果存儲金額較大，也可以每月存入一張一年期的定期存單，這樣既便於資金的使用，又能確保相對較好的利息收益。

共同承擔日常開銷。可以將兩人的收入合在一起共同開支，也可以按收入的多少，每個人都拿出一部分錢存入屬於兩個人的公共帳戶當中。為了使這個公共基金運行良好，還必須有一些兩人共同協商好的規定。

記錄支出。建立一個家庭支出帳目或者在家用電腦中安裝一個財務管理軟體，它將使你很容易瞭解錢的去向。另外，如果你還有空餘的時間，夫妻應每月進行一次小結算，對消費做一些調整。

購買保險。隨著社會的進步，尤其是在經濟發達的地方，購買保險應該會成為必然的趨勢。夫妻雙方一旦一方發生不幸，另一方就可以有一定保障，至少在經濟方面是如此。

制訂理財方案。家庭開銷一般包括八項：孝敬父母、教養子女、購物計劃、鍛鍊身體、飲食健康、休閒活動、醫療保險、學習成長。將家庭結餘資金按一定比例投入銀行、證券公司、投資公司理財。具體理財方案要根據家庭的收入情況、家庭成員的年齡等因素考慮，也可諮詢相關專業人士。

小叮嚀

夫妻理財十大要點

一是對錢的問題有分歧時，要坦誠且實事求是地好好討論。把不滿憋在心裡，後果可能不堪設想。

二是把債款統統加起來，看看一共是多少，然後擬定償還的計劃。

三是解決共同帳戶或獨立帳戶的問題。只要意見統一，選擇哪一種帳戶都可以，夫妻也可以兩人合開第三個帳戶，用來支付家庭開銷。

四是指定一方負責支付帳款、記帳、處理投資事宜。

五是要清楚自己的錢去了哪裡，即使你的家人是算術高手，你也必須主動查看一下，瞭解來往帳目的具體收支情況。

六是你的配偶間或稍微揮霍一下，不要嘮叨，雙方都應該有可以自主支配收入的自由。

七是購買貴重物品前要跟家人商量一下。

八是不要在他人面前批評配偶的用錢方式。

九是孩子要求買什麼東西的時候，夫妻倆的立場應一致，以免寵壞孩子。

十是經常討論兩人的目標，最好選在沒有財務壓力的時候來討論。

（六）小情趣，大生活

家有煩心事

張先生與妻子王女士是大學同學，從大學開始戀愛，畢業後都留在了A市。經過多年的戀愛後結婚，如今已步入中年。他們在新婚時期有過激情，新婚之後有過磨合。如今孩子已經讀中學住校，夫妻倆又有了面對面單獨生活的機會。妻子儘管有些憔悴，但增添了不少成熟女人的魅力。現如今，每年的情人節及七夕節似乎都成了商場促銷的手段和年輕人的專利。在年輕朋友們談論如何過節的時候，在簡訊橫飛的時候，王女士覺得這一切與自己毫無關係。而就在此刻，她的手機卻收到了來自張先生的簡訊：「親愛的，下午5點我來公司接你，請你吃大餐。」儘管王女士嘴上什麼也不說，但是收到如此意外的簡訊，臉上還是洋溢出了喜悅之情。尤其是在面對同事們羨慕又有些疑問的目光時，她感到比中了大獎還興奮。下班前，張先生帶著一束鮮花來到王女士的公司，讓公司的女同事們羨慕不已，王女士這時比任何時候還要溫柔。事實上，張先生只是在特別的日子裡向王女士發出了簡訊，並邀請去一家比較有特色的餐館共進晚餐，就這麼簡單。節日之後，王女士似乎更溫柔賢慧了，給張先生買了新的皮具，又給公婆買了新衣服，更加賢慧了。

另一對夫妻李女士與丈夫也同是孩子住讀，家庭收入可觀，丈夫工作很忙。李女士對他們結婚十週年紀念日這一天抱有太多的期待，期待丈夫的禮物，期待這一天有所不一樣。等呀等，終於等到紀念日，可丈夫似乎忘記了。李女士很生氣地提醒丈夫，卻換來丈夫一句「想買什麼自己去買，我出錢，絕不吝嗇」。李女士更加生氣了，覺得丈夫越來越不重視他們的愛情，連紀念日也不記得了，似乎只剩下對孩子的責任了。其實，她的丈夫也很委屈，覺得妻子不可理喻，都說了可以隨便花錢了，可還不滿足，又不是小年輕，搞什麼神祕，這就是平常的家庭生活。

心理透視

該案例中，張先生是個非常富有浪漫色彩、非常智慧的男人。在處理夫妻關係時，會利用浪漫的元素取得妻子的歡心，從而為家庭生活增添情趣。雖然花費並不多，卻讓妻子感到幸福無比。張先生也在這個付出的過程中收穫很多，使夫妻關係進入到更深的層次。

案例中，李女士的丈夫認為自己在外辛苦工作，掙錢給妻子自由支配，再貴都可以，這已經很好了，可妻子還不滿足，簡直是無法理喻。而李女士認為丈夫只知道錢不知關心自己，不在意他們的愛情，也非常委屈。這種缺乏溝通理解的生活，讓他們的家庭充滿了爭吵。

夫妻之間的愛情是純感性的東西，而生活總是混雜著感性與理性。假如我們將自己婚姻生活的重心偏向生活的一面，那麼生活中將缺少感性的內容，導致夫妻之間的情感沒有可持續發展的可能；假如我們在生活中適時地添加一些浪漫的色彩，小情緒、大生活，讓彼此去欣賞、去感恩，那麼生活將會變得更加豐富多彩，夫妻之間的關係會更加穩固。

重要紀念日或節日這一天每一對夫妻都會用餐，可為什麼會有不同的效果？差別就在於是否懂得在特別的時刻給夫妻生活增加一些新鮮的元素。從小情趣入手給生活增加浪漫色彩，不容小視。

和諧密碼

　　浪漫是什麼？就是男女在一起時，情和景、身和心的結合所產生的那種美妙的感覺；浪漫是什麼？就是在桃花盛開的季節，和她走在桃花叢中，和煦的陽光照在身上，花瓣飄落在肩膀；浪漫是什麼？就是她忙碌了一天，回到家裡，看著平時不擅廚藝的你也繫上了圍裙，桌上擺著她平時愛吃而你又不會做的菜；浪漫是什麼？當她含著淚慢慢地咀嚼享受幸福時，你臉上那憨憨的笑；浪漫是什麼？公園裡散步的白髮蒼蒼老太太老頭子，互相牽手，對望時的回眸一笑。

浪漫無形

　　浪漫的行為沒有特定、唯一的定義，也沒有特定的形式，只要是彼此都喜歡的，只要是彼此都想要的就可以。尤其是對女人而言，沒有哪個女人是不喜歡浪漫的。夫妻之間的浪漫行為是否能實現，關鍵在於夫妻雙方擁有怎樣的生活態度。夫妻之間的關係並不是有了結婚證書就等於有了保險。夫妻之間的情感需要彼此共同經營，需要彼此用心互動。夫妻生活在過了新鮮期以後往往會讓彼此失去生活的方向，感覺身心疲憊，產生視覺審美疲勞，會讓彼此覺得生活中缺乏激情，以至於感到平淡或者無味。生活中的確有太多的變數，但是無論生活怎樣，生活還是原來的生活，生活的本質並沒有改變。改變更多的是我們自己內心的意念，只要我們讓自己的態度變得更積極，夫妻之間便會永遠存愛。

浪漫無妨

　　在現實的婚姻生活中有太多的人選擇了特別務實、與浪漫無關的生活方式。為什麼會這樣呢？關鍵在於對浪漫的理解存在錯誤的認知。比如認為浪漫只是年輕人的專利或者認為已經是老夫老妻便沒有必要了等。事實上，浪漫無妨，小的浪漫舉動會有不一樣的收穫。

　　張先生夫婦的浪漫行為影響了一大批妻子周圍的同事與朋友，於是出現了各種不同形式的浪漫：有一對沒有孩子、喜歡戶外活動的夫妻在週休二日選擇了徒步旅遊並搭住帳篷；有的選擇在紀念日到初次相識的地點重溫舊夢；

有的選擇生日去聽音樂會；有的選擇週末去孤兒院看望孤兒；有的去看電影；有的帶著小孩去爬山踏青。這些活動讓雙方的心靈更加溫馨，距離更加貼近，生活更加有色彩。

小叮嚀

浪漫似乎是愛情的代言詞，浪漫的愛情令人神往。從古至今在情感的歷史長河中，留下了不計其數的經典浪漫愛情故事讓人傳頌。熱戀中的情人們似乎時刻都在演繹著浪漫，那麼婚姻中的夫妻是否還能繼續演繹戀愛時的浪漫呢？時代在變，社會在變，環境在變，觀念在變，審美在變，甚至愛也在變，如何讓處於變化中的婚姻關係保持愛戀時的浪漫，這是一項需要夫妻雙方互動的藝術活動。

浪漫有招

(1) 要有真摯的個性。很顯然，沒有一定的詩人氣質的人，縱使被大雨淋透也體會不出浪漫來。這種性格是自然而然依天性而成的，追名逐利、虛情假意只能削弱這種天性。因此，夫妻之間的感情必須要真。

(2) 浪漫的行為不是刻意追求就能得到的。這是一種美好的心境，一種美好的體驗，只有嚮往的人才能體會到。對自然、對人、對事物深深地喜歡、用心愛著的時候，往往會悄然升起這種感受。因此，夫妻雙方都要用心體會生活。

(3) 新興的浪漫。它要你偷取每一個能夠相聚的小片刻，感性地分享、感性地共處。不一定是花費巨大的禮物，不一定是人數眾多的唱歌聚會，不妨試著就只是一條愛的簡訊、一雙緊握的手，你會覺得，原來小情趣如此重要。

(4) 特別的時間特別的你。不妨記住每一個紀念日（當然最重要的結婚紀念日絕對不宜遺忘，讓彼此都回想起最初心跳的感覺，就是最好的加溫方式）、每一個特別的日子（有些時刻只要你想，就是特別的），如果頭腦裡記不住可以借助電子設備。提醒夫妻彼此：一身不同的裝扮、一碗自己煮的麵條、一封特別的情書、一件暖色調的家裝飾品、一段共同記憶的音樂、一

張小小的卡片、一朵玫瑰花，或是一面布滿時光記憶的照片牆等，都可以演繹不同的浪漫色彩。

(5) 平常生活中只需要記住三點，小情趣即可豐富你的生活。臨別一吻：你絕對想不到，當你急著出門時的匆匆一吻有多麼大的魔力。臨別的一吻能把你們彼此的心緊緊地繫住，讓你一整天都沉浸在甜甜的親密中，好像你們從沒離開過。深情相擁：這不是熱戀中的情侶專有的特權，婚姻中的你們擁有更多理直氣壯的理由。用一個迂迴的方式來邀請對方共進午餐，牽起他的手或是緊緊地摟著她，讓你們有一個溫暖的依靠，讓你們的雙眼在彼此身上多停留幾秒，靜靜感受。浪漫，就從捨不得離開的眼神、擁抱開始蔓延。一起看看書，聊聊一天的趣事，或者就是享受一下還不太習慣的沉默，靜坐一會兒，即使每天半小時也罷。浪漫就是這麼簡單！

夫妻之間從相識、相戀、相擁，到結婚生活，那是一種愛。有時候是她的回眸一笑吸引了你，有時候是因為你可愛的樣子，有時候是他一臉憨厚，有時候是因為你的學識才華、善良大度或者誠實大方等。如何將這種相互吸引的氣質留在平平淡淡的生活中？如何在平淡的生活中，保持這樣一種新鮮的感受，讓最珍貴的東西永遠在生活中綻放，就需要情趣與浪漫。這就是兩對夫妻同在節日裡只是因為一條簡訊而引發的不同結果。由此看來，無須埋怨自己的另一半缺乏浪漫，也無須羨慕別人的家庭。自己用美好的心境、純真的感情去生活、去工作，小至走路散步，大至人生理想等，都要有一種天然的真意。去浪漫吧，讓夫妻之間時刻保持笑意，洋溢幸福！

（七）床單下的祕密

家有煩心事

婷結婚三年，還沒有小孩。對於夫妻生活，婷感覺到很壓抑。婷的老公比較木訥，粗枝大葉，平時工作較忙，用婷的話說是一點也不浪漫、不懂情調。對於正常的夫妻生活，婷渴望的與現實存在著差距。他們在性生活上溝通較少，時間較短，整個過程只有兩三分鐘。婷每次都希望丈夫多關切自己的感受、多注重交流，但丈夫總是嫌麻煩，覺得浪費時間。每次完事，他倒

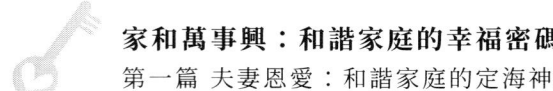

頭就睡，很快就鼾聲如雷。漸漸地，婷對和丈夫親密提不起興趣了，因為他們之間缺少了愛的溫存與交流。其實，除了性生活不和諧，他們倆還是挺幸福的。他關心婷，疼愛婷，婷也知道丈夫很愛她。但這件事情總壓得婷喘不過氣來。婷認為，愛與性是應該完美結合的，可老公不這麼認為。一次與網友偶然見面後，她出軌了，但後來一直被這件事困擾著。

心理透視

故事中的婷注重生活，她希望在性愛中體會到更多的性福；而婷的丈夫注重生活結果，忽略了感情需要經營，性愛也需要技巧這一點。即使是「老夫老妻」也要照顧對方的性感受，性生活不是體力活，而是夫妻雙方愛的表達，是兩人身與靈的深入交流。加上小夫妻都處在事業的上升期，特別是三十歲左右的男性，工作較繁忙、壓力大，也會讓他們在夫妻生活上敷衍了事。

感情是性愛的前提

感情是進行性生活的前提，如果心理上與對方沒有愛，身體就很難接受對方，這一點女性特別明顯，因此夫妻感情的好壞也會影響到性生活的質量。

壓力影響性愛質量

2010年，由中國婦女兒童事業發展中心、中國人口協會發布的《中國女性性福指數調查報告》顯示，有近六成被訪女性表示性生活質量不高，直喊「工作太忙、生活太累、上床就睡」。

工作壓力大，人們的身體和心理容易處於亞健康狀態。性慾與健康有關，身體亞健康會導致性慾缺乏、性生活質量降低。

性愛有週期

人類的性慾望和性衝動大多隨著年齡而遞減，至於慾望和衝動要達到何種程度才算正常，卻沒有定論。大多數醫生認為，性的欲念與行為如同飲食，因人而異。

心理學家認為，一對夫婦每次從一個人生階段進入另一階段時，必須調整他們的婚姻關係。而在變動時期，性生活也可能會休止一段時間。

婚姻是一年又一年的連串關係：結婚、生孩子、孩子成家立業，然後是自己退休……性生活也會如週期般發生變化。當婚姻生活從新婚轉入生育，正好是一段新的關係的開端，性生活會因此受到影響。

和諧密碼

性生活和諧要以愛為基礎

夫妻性生活的目的，不僅僅是生兒育女，同時也是夫妻整個愛情生活中的一個重要組成部分。做愛的目的就是為了分享和表達對對方的愛。

注重性愛過程

不要只對夫妻性生活最後的結果感興趣，應該對過程更感興趣。不然的話，就會造成夫妻間做愛過程的緊張，反而達不到性高潮。

及時表達性愛感受

當你有做愛的需求時，要大方地說出來，特別是女方，不要羞於啟齒。因為這是每個人正常的生理需要，更是婚姻不可或缺的組成部分。

夫婦做愛時，沉默寡言、互不表露自己的感受是很糟糕的。做愛時要及時互相吐露自己的性感受，幫助對方瞭解敏感部位及獲得性快感的技巧。

做愛方式多樣化

千篇一律的性生活方式會使人產生單調乏味感。其實，每對夫婦表達情愛方式是可以多種多樣的，就像人的口味一樣需要不斷變化翻新。做愛方式多樣化可以提高性生活的新鮮感和吸引力，使性生活更為和諧與富有魅力。

創造良好的做愛氛圍

夫妻過性生活，應該像節日旅遊渡假一樣，要事先做好準備。如事前洗個澡、打發孩子早點入睡等，還要多談論些與做愛有關的、使人興奮的話題。

雙方共同的努力

有些夫婦總是把性生活不和諧的責任推給對方，責怪對方沒有很好配合。事實上，一次令人愉快的性愛，是夫婦雙方共同合作的結果。為此，夫婦雙方應閱讀一些性知識方面的書籍，瞭解男女性心理和性生理的不同特點，以便互相配合、互相激發，使性生活美滿愉快。

小叮嚀

夫妻結婚時間久了，就會覺得性生活乏味了，沒有新婚時的浪漫和溫馨了，以至於每次都是匆匆了事。想要時刻保持新婚時那樣的性生活嗎？不妨聽聽性專家的建議。

第一，夫妻性生活應建立在柔情蜜意的感情之上。性學專家經常聽到病人這樣說：「夫妻雙方完全瞭解之後，對性生活有一種『就那麼回事』的感覺，有時甚至感到厭煩。」

針對這種現象，專家們開的良方是：增加幾分親密、幾分體貼、幾分溫柔。美滿婚姻的標準不是性生活次數的多少，而是夫妻間親密的程度。事實上，只要仔細想一想你需要親近配偶時的原因，你就會發現不完全是情慾，而是對配偶全部的依戀和熱愛。

第二，夫妻應經常交談對性生活的感受。研究人類性行為的醫學專家伊夫琳·S. 金德爾博士說：「我讓我的病人多多回味新婚時的幸福情景。我要求夫婦一起向我表述他們何時相處得最好。」有理智的激情、如膠似漆的親密是夫妻情愛的紐帶，更是夫妻性生活和諧的關鍵。

第三，夫妻應掌握性知識，並不斷總結經驗。專家指出，每對夫婦都有最美好的時光，性愛慾望缺乏的夫婦應經常將目前這種乏味的日子與以前相比較。

這樣你們就會發現，現在很少做以前做過的事——依偎在一起談心，手挽手一起散步。那麼，你們現在需要做的，就是你們過去常做的那些事情。

第四，夫妻雙方應多為對方著想。性學專家皮特爾·柯曼採用一種「演戲法」，讓他的病人領悟配偶的感覺。比如，妻子正要去做事，而丈夫卻要親吻擁抱她。

這時，妻子總是說：「別鬧，不要這樣。」丈夫對此總是快快不樂，反之亦然。改變配偶在夫妻生活中的角色，可以幫助夫妻體會配偶的內心感受和需要。

第五，正確對待性慾缺乏。專家調查結果表明，即使在婚姻美滿的夫妻中，也會時常出現性慾缺乏現象。我們現在應該摒棄過去的觀點——如果婚姻美滿，就會始終像新婚蜜月一樣。

夫妻性生活和諧持久，全靠夫妻相互體貼、親密交談和理智節慾。只需夫妻通力合作，情愛之火定會永不熄滅。

二、相愛容易，相處難

愛上彼此的感覺總是甜蜜而美好的，愛情的火花可以一瞬間照亮兩個人的心靈。但是，曾幾何時，爭吵、嫉妒、懷疑、遷怒……生活中的磕磕絆絆讓我們遍體鱗傷。很多人都希望可以簡簡單單地愛，簡簡單單地過一輩子。可是又有多少家庭是這樣美好的呢？

你其實沒有錯，當然我也沒有錯，那為什麼還要爭吵呢？生活中，我們學會了如何和父母相處，如何和兄弟姐妹相處，如何和同學、朋友相處，如何和陌生人相處。同樣，在戀愛和婚姻中，我們要學會與愛人相處，學會在柴米油鹽的平淡生活中相處。

我在茫茫人海之中遇見了你，多麼不易。那麼，請讓我們一起愛，痛苦時一起傾訴，快樂時一起分享。請相信只要有愛、多一份包容、多一分理解溝通、有話好好說，親愛的，相處將不再難。

（一）男人來自火星，女人來自金星？

家有煩心事

家和萬事興：和諧家庭的幸福密碼
第一篇 夫妻恩愛：和諧家庭的定海神針

這是一對小夫妻同一天的日記，來找找男女的差異吧！

她的日記：

今天晚上他真的是非常古怪！

我們約好晚上一起吃飯，但我因為逛街去晚了。我換上新買的裙子來到餐廳，是他平時喜歡的風格。本以為他會大大讚揚一番，結果他連正眼都沒看我，對我不理不睬，好像生氣了，氣氛很僵。

後來我主動讓步，說我們都退一步，好好交流一下。他雖然同意了，但是還是繼續沉默，一副無精打采、心不在焉的樣子。我問他到底怎麼了，他只說「沒事」。後來我就問他，是不是我惹他生氣了。他說，這不關我的事，讓我別管。在回家的路上我對他說「我愛你」。但他只是繼續開車，一點反應也沒有。我不明白，他為什麼不說「我也愛你」了呢！

到家後他仍然不理我，坐在沙發上悶頭看電視，什麼也不說，繼續發呆，繼續無精打采……我只好自己上床睡覺了，10分鐘以後他也爬到床上來了。然而，他的心思根本不在我這裡！

這真的是太讓我心痛了。我決定要跟他好好地談一談。但是他居然睡著了！我只好躺在他身邊默默地流淚，後來哭著哭著我也睡著了。非常確定，他肯定是有別的女人了。這真的像天塌下來了一樣。天哪，我馬上就要失去他了，我活著還有什麼意義！

他的日記：

今天義大利隊居然輸了！

心理透視

故事中的女人先是「為悅己者容」，而男人卻視而不見；女人看著男人心事重重的樣子，以為對方生氣了，希望透過語言交流將事情說清楚，而男人卻沉默不語；女人惴惴不安地擔心著兩人的感情，而男人卻在想著體育競技；女人一連串的道歉、示好，也未讓因為輸球而沮喪的男人察覺異樣……

大家看完後也許會發笑，笑這個女人的傻，笑男人的木。其實，男人和女人生來就有差異，他們在思維、情感、交流等方面都存在差異。他們努力探尋對方，按照自己的方式看待對方，卻似乎仍未找到正確答案……

男人重力量，女人重情感

男人來自火星，火星顏色鮮紅。男人天生好鬥，追求外表的強壯，崇尚力量。男人理性，做事講求效率，看重事業成就。

女人來自金星，金星是已知行星中最亮的一顆。女人感性，重視愛、溝通和人際關係，迷戀外表的魅力。她們喜歡照顧人、幫助人，渴望情感交流，看重家庭幸福。

男人用沉默，女人用語言

男人遇到壓力時，會心事重重，沉默寡言。這時他的思維走進了一個洞穴。他在洞穴裡獨自思考自己的問題，其他的一切都視而不見。

女人心情不好時，喜歡找人傾訴，而且一定要有回應。她們有時並不清楚自己說了什麼，也不在乎對方說了什麼，但一定要有語言的溝通和互動。

男人是橡皮筋，女人是波浪

男人的情緒像橡皮筋，是指男人與女人的親密程度。即使一個男人愛一個女人，他與她的關係也有親近與疏遠的循環。這不是他的決定或選擇，而是自然發生的。既不是他的錯，也不是她的錯。男人之所以疏遠女人是因為他有獨立、自主的需要。分開一段時間後，他又會有愛和親近的需要，那麼他就會彈回來。

女人的情緒像波浪。當她在波峰時，她給出許多愛，對得到的愛也心存感激。但當她的情緒一下子跌到波谷時，內心空虛，需要用愛來填充，卻常常忘記感激。這種情緒一旦跌到谷底，會逐漸好轉，好感又自動上升。

男人需要信任，女人需要關心

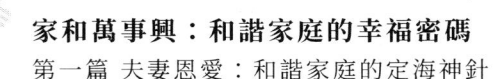

相處時，男人給出男性以為女性想要的，女人給出女性以為男性想要的。結果，雙方都感到不滿足。其實，他們雙方都給出了愛，卻都不是對方想要的。

比如，女人以為向男人提很多問題是在關心他，是愛的表達，而男人卻覺得受到控制，是不信任他。因為，男人需要被信任、接受、感激、崇拜、讚許和鼓勵。

女人生氣時，男人如果儘量淡化她的問題，給她足夠的空間讓她自己去考慮，女人會更生氣，她會覺得他不關心她，不理解她。因為，女人需要被關心、理解、尊重、認同和許諾。

男人愛「看」，女人愛「被看」

男人好奇心強，他們的興趣是觀察。他們相信自己的眼睛，你如果在他面前做家務做得忙不迭，他立即心疼起來，愛你有加。聰明的女人要學會讓男人看見自己的辛苦，你的漂亮也要讓男人看見。

女人希望被欣賞。她做了一件自認為很辛苦或很漂亮的事，你如果不理不睬，甚至視而不見，她會很傷心，甚至沒激情再繼續做下去。聰明的男人會隨時隨地表揚自己女人的付出和亮點。

和諧密碼

莎士比亞說：「要和一個男人相處得快樂，你應該多多瞭解他，而不必太愛他；要和一個女人相處得快樂，你應該多愛她，卻別想要瞭解她。」

作為女人，要支持丈夫

女人要在事業上幫助男人、支持他。支持他並不是給他提太多建議，男人需要用自己的實力獲得成就。女人要做的就是照顧家庭、打理家事，解決男人的後顧之憂。這樣，男人會越來越成功，家庭也會越來越富足、幸福。

女人要給男人距離和空間，當他撤退時，不要跟在他後面，要相信一切都正常。每一次等他在自己的世界裡找到答案，他自然會回來的。同時當他

回過神來後,不要因為他之前的疏遠而懲罰他。那會阻止他正常的「橡皮筋週期」。

作為男人,要關愛妻子

男人要成為自己女人和家庭的支柱與依靠,不要讓女人覺得你不重視家庭,甚至要拋棄這個家。如果男人關心並理解女人,她自然會更愛他、信任他。當她信任他時,她會敞開心扉,完全容納和接受他。

男人常以為,女人情緒的突然變化是由於他的緣故,所以當她突然不高興,男人不知道自己又做錯了什麼時,他會非常困惑。男人要知道,當女人的情緒低落的時候,她最需要關心,需要他給出無條件的愛。她需要他陪她一起走下去,聽她的絮叨,分擔她的感情。切記不要阻止她的下降,把她從半空中提起。因為她沒有破碎,只是需要他的愛、耐心和理解。

男人還要知道,即使支持她,她並不一定會馬上感覺好起來,她也許會感覺更糟。這實際上是她得到他支持的標誌。一段時間後她的心情就會好起來。

小叮嚀

心理遊戲:畫「臉」

要求:幾對夫妻按性別分組,丈夫站左邊,妻子站右邊,每人在同樣大小的紙上獨自畫半邊臉(男士畫出左半邊臉,女士畫出右半邊臉)。畫完後,男士拿著自己畫的半邊臉去找任何一位女士,尋找能與自己的半邊臉對上的臉。

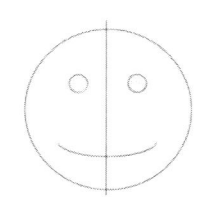

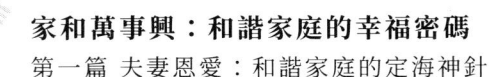

看到上面的圖片，你也許會覺得這個遊戲很容易完成。但大家可以試試，實際操作中沒有一個人能找到與自己的半邊臉完全一樣的另外半張臉，甚至很難找到相似的兩個半邊臉。有的大了，有的小了；有的下筆輕，有的下筆重；有的習慣畫在紙的上方，有的習慣畫在紙的下方；有的循規蹈矩地畫，有的任意發揮，比如加上眉毛和鬍子等。

為什麼會這樣？因為在未經協商和溝通的情況下，分坐在左右的兩個人根本沒辦法畫出完全一樣、能完美地拼接在一起的臉。每個人都有不同的習慣、經驗和思考方式。更何況男性和女性在思維、性格等各方面都存在天生的差異！

如何才能使這兩張臉保持較高的相似度，拼在一起時能給人一種「很像」的感覺？最好的辦法是：統一的紙張，統一的筆，明確的尺寸和比例，包括必須畫在哪個位置都有詳細的說明。而且，左右組的夫妻雙方最好坐在一起，好好協商，遵守規則，才有可能達到一定的相似度，但即便如此仍然很難畫得完全一樣，做到天衣無縫的銜接。

這個遊戲告訴我們什麼？我想你已經有了自己的答案。

（二）不要拿你的衡量標準要求對方

家有煩心事

一對夫婦慶祝結婚 50 週年，他們的子孫和親友在禮堂為他們舉行了盛大的慶祝會。參加完慶祝會，老夫婦滿心歡喜地回到了祥和寧靜的家中。

他們一整天都興奮地與朋友交談，一直沒怎麼吃東西。因此，他們決定在睡前喝杯咖啡，吃些自製的麵包。兩人坐在餐桌前，老先生拿出一條新鮮的麵包，切下尾端遞給相伴 50 年的老伴，卻使得老太太一時之間怒火中燒。

她對老先生吼道：「50 年來，你總是將麵包的尾端切給我，我受夠了，你一點兒也不關心我的喜好！」老太太的怒氣一發不可收拾。老先生坐在一旁，面對一片麵包引發的不快，對自己所聽到的抱怨驚訝不已。

老太太最終控制住了情緒，老先生小聲地對她說道：「親愛的，我最喜歡的就是這一片。」

心理透視

誠然，把自己最喜歡的東西送給親愛的伴侶是一種表達真情實意的辦法，但是他（她）是否樂意接受呢？在家庭關係中，如果以自己的喜好推斷對方、按自己的標準要求對方，就容易引發爭執，甚至引起夫妻不和。

你喜歡的不一定是他（她）喜歡的

夫妻相處時，常會有這樣的想法：「我喜歡的，他應該會喜歡」「我希望他怎樣，他就該怎樣」「我怎樣待他，他就該怎樣待我」。

對於那些自己樂於接受的事，我們毫不吝惜地給予對方，卻從未問過對方是否喜歡；對於那些我們認為應該的事，我們毫不猶豫地要求對方，卻從未想過對方是否願意。

丈夫認為尾端的麵包好吃，就幾十年如一日地給太太吃尾端；妻子認為可樂有害健康，就禁止丈夫喝可樂。其實太太並不喜歡吃尾端的麵包，她認為那個部分最難吃；其實丈夫很喜歡喝可樂，他覺得可樂能帶給他滿足和暢快。

妻子喜歡一家人外出旅行，這既能親近大自然，又能增進感情，她卻不知道整日勞累的丈夫，假日只想待在家裡安靜地休息。夫妻倆常因旅行與否發生爭執……

如果我們在行動之前先思考「你是否喜歡」，再溝通「你是否願意」，兩人就能找到更多的契合點。

你的標準真的適合他（她）嗎？

每個人都有一套自認為正確的標準，人們也都在按自己的標準做事，甚至要求自己的親人也按這個標準行事。因為愛，兩個人走到了一起；因為愛，我們不由自主地要求對方改變，改變成自己希望的樣子。

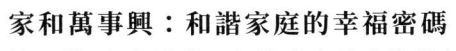

家和萬事興：和諧家庭的幸福密碼
第一篇 夫妻恩愛：和諧家庭的定海神針

當別人做的事不符合自己的標準時，控制慾強的人就容易鬧情緒。這些人被負面情緒控制著，不斷地要求對方按照自己的標準做事。當對方依然不按他們的標準做事時，他們就會大發脾氣，這樣做可能傷害到夫妻關係。

丈夫希望妻子「出得廳堂，入得廚房」，妻子希望丈夫「在外呼風喚雨，在家言聽計從」。我們常常按照自己的標準和要求改造對方，比如：妻子燒得一手好菜，丈夫卻要求妻子還要像朋友的老婆一樣會做西餐；丈夫開了一家小公司，妻子卻催促丈夫將公司規模擴大，多掙點錢換更大的房子、更好的車。

男人不善於照顧自己，襪子幾天不換，髒衣服堆積如山。女人數落這些壞習慣，要求丈夫每天洗澡洗衣，即使他工作到夜裡十二點回家，也必須照辦，否則不准進臥室。其實，丈夫覺得自己已經比婚前愛乾淨多了，妻子的要求接近潔癖，讓他難以接受。

我們打著愛的旗號，聲稱是為了家人好，為了家庭好，如一個嚴苛的教父般要求對方，並一再提高衡量標準，卻忘了婚姻本應是讓我們放鬆、舒心的！

和諧密碼

對方希望你怎麼對他（她），你就怎麼對待他（她）

「己所不欲，勿施於人。」從小，父母就教會我們做人的道理，這被稱為人際交往的黃金法則，即「你想人家怎樣待你，你就怎樣待人。」夫妻相處時，注意別對對方做自己都無法接受的事。

人們漸漸發現，這條黃金定律不那麼好用。有時我不接受的，他願意接受；有時我喜歡的，他不見得喜歡，甚至會反感！因此，人們摸索出一條新法則——人際交往的白金法則：「別人希望你怎樣對待他們，你就怎樣對待他們。」

這條法則在夫妻交往中同樣適用。如果在分麵包的時候，丈夫多問一句：「親愛的，你要吃哪塊麵包？」如此這般，既能使太太得到她最愛的一片麵

包，體會到來自先生的無限關愛，先生也表達了愛意。如果在喝水的時候，妻子告訴丈夫：「可樂有害身體，你願意戒掉它嗎？」把享用可樂的權利交給丈夫，也許丈夫會慢慢縮減可樂的攝入量，這樣既滿足了飲料帶來的快樂，也保護了身體。

婚姻是一門妥協的藝術

余光中曾說：「家是講情的地方，不是講理的地方，夫妻相處是靠妥協。」你認為你是對的，他不認為他是錯的。在感情裡，真理是相對的，而且不是越辯越明，反而是越吵分歧越大，越吵越覺得對方不可理喻，不理解自己。

婚姻是一種合作，而所有的合作都需要妥協。婚姻並不是戰場，沒有敵對方。婚姻中的雙方都是對方最親最愛的人，是需要彼此珍愛的人。那麼在婚姻裡的妥協實際上是一種人性的高姿態和素質的高層次，是理解、謙讓、真愛。懂得在婚姻裡妥協的人才知道如何去愛自己的愛人，才是真正意義上的懂得愛。

夫妻之間要記得經常從對方的角度考慮事情，因為真正的愛更需要考慮對方的感受。想要幸福一生，就要學會放棄一些自己的標準和目標，向對方靠攏。同時，參照對方的標準，幫助對方實現一些目標。雙方漸漸地妥協到一定程度以後，兩人就站到了同樣的位置，容易達成共識，這樣才能少了爭執，多了和諧。這種每對夫妻都夢寐以求的狀態，是妥協創造的！

小叮嚀

心理遊戲

用你的手指，擺出一個「人」字給你的丈夫／妻子看。

現在請你看看自己擺的是「入」字，還是「人」字？

很多都是擺了一個給自己看的「人」字，對方看著是「入」字。我們都忽略了要求：擺一個「人」字給對方看！

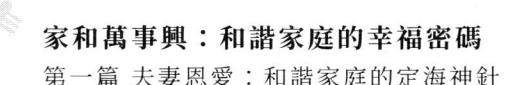

這個遊戲很簡單，卻說明了一個道理：我們常忽略對方的要求和立場，只從自己的角度認識事物。有時，我們眼中看到的甚至真相跟別人眼中看到的甚至是完全相反的。

夫妻相處要學會換位思考，站在對方的角度看問題，因為感同身受十分重要。尤其是兩個家庭背景、秉性愛好、興趣習慣等都存在一定差異的兩個人，因為締結婚姻關係而生活在一起，如果只考慮自己的想法、漠視對方的需求就容易引發很多衝突。

（三）不要把工作規則帶回家

家有煩心事

43歲的丈夫安平有一家科學研究公司。公司的前景原本不錯，但由於安平是個學者，擅長科學研究而不善於經營，致使公司面臨破產。面對這樣的困境，妻子嚴麗果斷地合併了丈夫的公司和她的房地產公司。在嚴麗的苦心經營下，公司的業績有了大幅度提升，很快成了業界領頭羊。

公司的困境解除了，然而夫妻倆的關係卻開始不斷惡化。在公司，兩人常就公司業務進行爭論，但每次的結果都是嚴麗強行接管一切，單獨和客戶聯繫、指揮下屬、運營公司……回到家，依然是能幹的妻子控制一切：小到吃什麼、穿什麼，大到兒子的教育問題和人生規劃，全部都是嚴麗說了算。安平無論在公司還是在家，都辯不過妻子、拿不了主意、做不了主。安平承認，妻子很能幹，家裡的一切都打點得很妥當。但他並不欣慰，因為家讓他覺得冰冷，哪裡都不需要自己，自己一點價值也沒有。

安平曾多次向妻子表達過這種感覺。一開始，嚴麗還會注意一下，但很快又忍不住將一切都包攬了。漸漸地，安平不再與妻子爭辯，不再關心公司和家裡的事情，總是將自己關在書房裡，他說：「這是我在家中唯一能說了算的地盤。」

心理透視

家不是工作的延續

一個人的關係可以分為個人領域和社會領域：個人領域包括配偶、親人、知己，是常見的家庭關係；社會領域包括同事、同學、同鄉等，是最典型的工作關係。

工作中的規則是權力，其運作機制是競爭與合作、控制與征服；家中的規則是珍惜，能抵達珍惜的途徑是理解和接受。如果不明白工作與家的分界，將權力規則帶回家，就會形成一種「權力的汙染」，引出很多家庭矛盾。

這種汙染在現代社會很容易發生。因為我們的社會流行對成功的崇拜，而走向成功的重要途徑就是掌握權力規則。

在這種崇拜之下，無論成功人士還是普通人，都很容易忽視珍惜的規則，只在乎權力規則，並將其視為解開人生的主要甚至唯一的鑰匙。

從某種程度上講，嫻熟地掌握並果斷地使用權力規則會讓一個人在成功的路上奔跑得更加迅速。但當它滲透到一個人的個人領域，那勢必會讓他和愛人的親密關係變得一塌糊塗。

所以，如果我們珍惜家，就不要把權力規則帶回家。

學習家庭的規則

歐巴馬說：「蜜雪兒不在乎媒體怎麼寫我，她只關心我去不去倒垃圾，帶不帶孩子上公園。」

生活就是這樣，維持一個家庭需要做一些最基本的事情：買菜、做飯、打掃房間、養育子女、贍養老人、掙錢存錢、買車買房……這些都是瑣碎的、無趣的、疲累的事。這樣也許並不是享受，或許還是負擔。但這些事一定要有人做，你不做，他就要做，兩個人都不做，日子就沒法過下去了。

兩個人天天待在一起分擔著家庭擔子，往往會因為溝通不暢，產生分歧和爭執，感覺委屈和辛酸。但對於每一對老夫老妻來說，夫妻之間的矛盾是不可避免的。工作原則在家庭中行不通，因為家不是講理的地方。減少夫妻間的矛盾，需要用愛和容忍，並且學習一些心理學和婚姻關係的知識。

瞭解你的他（她），瞭解家庭規則，瞭解夫妻相處之道才是王道！

家和萬事興：和諧家庭的幸福密碼
第一篇 夫妻恩愛：和諧家庭的定海神針

和諧密碼

儲存感情

每個人心靈深處都會有一個情感銀行戶頭。如果你經常在感情戶頭中儲存真愛和默契，戶頭的款項越多，提取的幸福和快樂就越多，同時還可以提取微笑、溫柔、鼓勵、安慰等利息。即使偶爾因自私或不夠體貼而支出，也不至於因此而透支。如果戶頭款項很少，每次衝突都將會擴大其嚴重性。當信任和欣賞的準備金陷入負債的狀態時，我們如果仍不斷透支的話，感情或婚姻就會被推到破裂的邊緣。人生錯綜複雜，我們都有可能失控，傷害配偶。因此，避免情感銀行戶頭透支的最有效的辦法是：平常多多「存款」，多說感激欣賞的話，多做體貼關懷的事。

學會給予

大多數人將愛看成「被愛」，而不去「愛」，只想讓自己如何變得值得愛，而不是主動地學會如何去愛對方，怎樣去瞭解對方的精神需要。真正的愛是傾其全部的「我給」而不是「我要」，是以自己的生命力去激發對方的生命力。給予比接受更快樂，因為在給予的行為中展示了自我生命的存在。愛就應該是純粹、不夾雜任何條件和功利的東西。愛是一種分擔，而不是迷戀，愛意味著關心、責任和尊重。只有達到「你中有我，我中有你」的程度才是婚姻的上層境界。

讀懂對方

夫妻之間要相互懂對方，所謂的「懂」就是：當你遇到挫折時，他（她）不說一句有損你尊嚴的話；當你意氣用事時，他（她）娓娓解說事理給你聽；當你心情不好時，他（她）絕不和你一般見識；你若開顏他（她）先笑，你若煩惱他（她）先憂，他（她）的歡喜會告訴你，即使你們遠隔千山萬水，他（她）也深信你。懂，其實是瞭解、體貼、關心。

小叮嚀

配偶是什麼？有人說配偶是在身旁支持他的人，也有人說配偶是懂他的助手。也就是說，夫妻會有很多的問題，雙方要心有靈犀。

妻子的責任：要愛並幫助丈夫

女人，當你與一個男人結合後，就要和他心心相印，牽手一生，攜手一世。夫妻，兩個原本陌生的人從此生活在一起，就是要在一生中同甘共苦、共度一生。夫妻要在漫長的人生路上相互支撐、相互呵護，要你情我願，同甘共苦一輩子。妻子願意辛苦，要明白和丈夫在一起不是來享福的，而是要和丈夫分擔生活給予的一切不如意。丈夫生病時，可以陪他一起看病取藥，解除病痛；丈夫煩惱時，遞上一杯冒著熱氣的清茶，分解憂愁；丈夫疲憊時，為他捏捏頭，敲敲筋骨，提神醒腦……

妻子是賢內助，這個「助」，不僅是在事業上助他一臂之力，更主要的是為他解決後顧之憂，比如替他在公婆面前多盡一份孝心，替他在孩子面前多盡一份責任。讓他拋卻所有的私心雜念，一心一意地撲在事業上，這是做妻子的對丈夫的幫助。丈夫的成功，與妻子持之以恆的支持和無私的奉獻是分不開的。「成功男人的背後，一定站著一位偉大的女人」，這是對一個女人的褒獎。

丈夫的責任：愛妻子要有責任感

男人責任感的形成是他成熟的標誌。責任感的第一層含義是對自己負責，即一個人要懂得尊重自己的感情，尊重自己的理想，珍惜自己的寶貴年華和生命的活力，努力站在自己人生的高度，從理想出發來安排現實生活。男人還要學會克制自己本能的衝動，抵抗外來的各種誘惑，在複雜的環境中，在成功與失敗的衝擊下，在歡樂與痛苦的體驗中，永遠充滿與命運抗爭的勇氣。從家庭的角度講，由於生理和文化的原因，丈夫承擔著主要的家庭責任。一個沒有家庭責任感的男人，談不上真正意義上擁有家庭，更談不上做什麼事業，因為他不想承擔任何責任。此外，作為一位丈夫，家庭裡重要的一個角

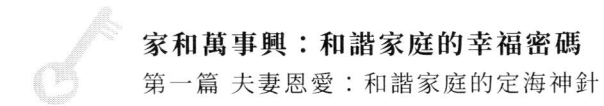

色，必須要愛自己的妻子，不管她年輕與否、漂亮與否，丈夫都要愛妻子，進而愛自己的家庭。

（四）「懶漢」丈夫與「管家」妻子

家有煩心事

「我們為家務事爭吵不休……」

小悅女士，現任一所中學的教師，29歲。剛結婚時，日子過得很開心，和丈夫一起買菜、一起煮飯，很幸福很甜蜜。可漸漸地，丈夫開始以工作繁忙為由，把家務都推到了她一個人身上。小悅是獨生女，從小在父母的呵護下長大，以前衣食住行都不用操心，而且嫁給丈夫之前小悅是從不下廚房的。小悅的丈夫，也是「80後」，家裡的獨生子，對家務事也不怎麼擅長。從此，家庭的瑣事全部交由小悅管理。

另一個讓小悅無法忍受的事情是丈夫不良的衛生習慣。在外面乾乾淨淨、體體面面的，可在家卻十分邋遢：用完的東西從來不會放回原位，髒衣服、髒襪子隨處亂扔，洗手、拖地的髒水灑一地……小悅實在無法把婚後這個邋遢、懶惰、冷淡的男人與婚前那個體面、殷勤、體貼的人對號入座。為什麼看起來好像是兩個人？有時看不慣說說他，丈夫竟然還嫌煩，說以前他媽都會幫他收拾的，怎麼現在就不行了？於是，這一系列的瑣事成了他們吵架的導火線，以致感情越來越差，最後慢慢地走向了離婚。

認真想想，小悅有錯嗎？吵架拌嘴是小悅無理取鬧的表現嗎？吵架的根源是丈夫的懶惰嗎？

心理透視

生活不同於單純的愛情，需要夫妻雙方共同用心經營

事實上，當兩個相愛的人還處在戀愛時期的時候，盡可以將大把的時間和精力投放在相互的思念和傾訴中。因為這是一種單純的男女情感連接，無須考慮情感以外的東西，並且兩人還存在各自的自由空間。而婚姻是一種生

活的方式,是一種兩個愛戀的人共同的生活模式,這種生活模式將相互的愛滲透在日常生活的點滴之中。因此,這個時候愛的含義已經發生了變化,愛的方式也更加生活化,包括需要準備油鹽醬醋,需要拖地洗衣做飯,需要調整作息時間等。當然,各自的工作仍要費心,純粹的感情生活只是其中的一部分。案例中,小悅和丈夫從戀愛步入婚姻,卻還沒有完全從戀愛的模式進入生活的模式,兩個人只談情感,卻忽略了生活的瑣碎。加之小悅對生活有一定的品質要求,一旦丈夫的行為超過了自己的心理預期,兩人必將因此而發生口角甚至引發大的矛盾。小悅的丈夫從小也是家裡的獨生子,受母親的庇護,對家務事也不在意。當兩個獨生子在一起單獨生活時,要麼一方完全妥協,要麼雙方僵持互不謙讓,這樣兩人的生活勢必會產生這樣那樣的矛盾。所以,兩人最終因為「懶」和由此引發的其他問題導致婚姻破裂。

其實,現代家庭的年輕夫妻大多都是獨生子女。結婚前在父母家什麼也不做,但是當自己開始為人父母的時候,再這樣什麼也不會做就不行了。所以婚姻中的夫妻如何分工,一定得結合自己家庭的具體情況進行,要有自己和諧的度,這樣的生活才是有活力的。

和諧密碼

愛是適度的「懶」與適度的「管」

美國愛荷華大學經過研究,開出這樣一則藥方,即「妻子的權威是家庭和諧的保證,健康婚姻的一個標誌就是丈夫接受來自妻子的影響」。通俗地說就是,丈夫要怕老婆,「妻管嚴」更有利於婚姻的和諧。

現代家庭,已經明顯不同於男人在外打拚事業,女人在家操持家務維持家庭關係的傳統結構了。夫妻雙方都更加獨立,也都有自己的工作和事業,兩個人的工作時間也許完全相同,或者有的女性工作更忙碌。此時如果仍然停留在傳統的思維裡,認為男性就是該享受,女性下班回家就是要做飯洗衣,那麼必然不符合情理,也必然會引發夫妻間的衝突。「懶」丈夫甘心一切聽妻子安排,妻子叫掃地,馬上拿掃帚;妻子要做飯,馬上去理菜⋯⋯丈夫這樣的行為只是證明,他願意為妻子做一切事情。因為愛,才有了對妻子的包

家和萬事興：和諧家庭的幸福密碼
第一篇　夫妻恩愛：和諧家庭的定海神針

容、對生活的重視。在愛情的作用下，丈夫願意接受妻子訂下的所有規則，願意聽妻子的嘮叨等。丈夫的包容證明他愛自己的妻子，並樂在其中，樂意看到被自己所愛的妻子「管教」，因此而更幸福。

跟她說聲「辛苦了」。人們常說，家是最溫暖的港灣。在外打拚一天，身心俱疲地回到家，最期待怎樣的關愛呢？不妨給你的她一次恰到好處的「心靈按摩」吧！首先，送一句「今天辛苦了」。懂得讚美和肯定，家庭就會不斷得到滋養。「辛苦了」「歇會兒吧」這樣的問候，能讓對方感受到你的牽掛和關心。

愛做家務，更愛生活。一個愛做家務的男人和不愛做家務的男人相比，具有什麼樣的優勢呢？這個優勢就是：愛做家務的男人更熱愛生活，心理更健康。心理專家高東教授說，家務其實只是一面鏡子，可以透過這種方式看出男人的一些性格。比如，愛做家務的男人，通常都很喜歡和家裡人在一起，享受一家人的甜蜜時光。他們在工作上很富有責任感，在家庭生活中也頗有情趣。這樣的男性，通常心理健康度會比較高，婚姻生活也更幸福。

懶與不懶，在於一個度。為什麼很多人會說婚姻是愛情的墳墓？可能婚後的柴米油鹽醬醋茶磨平了當初談戀愛時的浪漫吧！「如果婚後的家務全都落在女性一個人頭上，這樣的女性肯定會在工作和生活的雙重壓力下變得愛嘮叨、性格暴躁、不愛收拾打扮、斤斤計較。女人不高興了，男人的日子其實也不會好到哪裡去。」心理專家戴光明教授說，男性在家庭中多分擔一些家務，對女性是一種很好的愛撫，因為他在用實際行動表達他的愛。但女人在家游手好閒，什麼也不做，等著下班回家的丈夫來做飯，這樣的日子估計不會持續多久。洗衣、做飯、拖地、大掃除這些瑣碎的家務，做與不做、做多少、怎麼做，在於一個度。婚姻乃至生活，通常取決於兩個人甚至只是其中一個人的態度。在擁有包容、體貼與生活智慧的丈夫身上，這個度的把握顯得尤其簡單，他不會使婚姻陷入爭吵，這是他的婚姻策略，做得好與不好是一回事，做與不做又是另一回事。這樣，不僅規避了婚姻風險，同時也不會背上懶漢的封號。

小叮嚀

　　據英國《每日郵報》報導，劍橋大學的科學家對 34 個國家的 3 萬多人進行調查研究後，發現愛做家務的男性最快樂。因為男性多與伴侶分擔家務有利於減少家庭爭吵，增強家庭幸福感。劍橋大學的研究顯示，讓妻子或女友承擔所有家務會使男性在心理上產生一種罪惡感，破壞家庭和諧。比起吵鬧的家庭生活，大部分男性更喜歡瑣碎家務中的平靜生活。研究報告中稱：「可能因為越來越多的男性支持性別平等的觀念，因此當伴侶包攬所有家務活時，男性會感到不舒服。此外，由於女性變得越來越剛強自信，她們對懶惰的伴侶也會產生不滿情緒。」

　　在分擔家務勞動的過程中，受益較大的是男性，而非女性。男人其實喜歡做家務，分享家務活使男人感覺更快樂。

　　英國《泰晤士報》也曾發表英國倫敦經濟政治學院社會政策領域高級講師溫迪·西格勒·拉什頓做過的一項調查，無論女性是否工作，男性分擔家務都可以使婚姻更穩固。

　　日本最大的市場調查公司曾公布過一個調查結果，即男性做家務有助於穩固婚姻。調查中，516 名 20 歲以上已婚女性以「美滿」「比較美滿」「不太美滿」或「不美滿」評價夫妻關係。結果顯示，丈夫「參與做飯以及飯後收拾家務」和「擅長廚藝」的家庭，婚姻更美滿。

　　《懶丈夫：如何提高男人做家務和看孩子的積極性》一書的作者、心理學家約瑟華·科爾曼說，兩人平等分擔家務有利於婚姻幸福，「如果丈夫做家務，會讓妻子覺得對方真的在乎她——沒把她當成傭人。如果妻子看到房間裡亂糟糟而感到緊張，但她在打掃房間時，丈夫卻若無其事地坐在沙發上，這會影響她的情緒。」

（五）私房錢不私

家有煩心事

張小姐大學畢業後順利進入一家普通公司工作，經人介紹，認識了李先生並開始交往，3年後準備結婚。戀愛時，她和男友的工資卡各自管理，實行的是「AA制」，但又不那麼絕對。因為男方的工作收入高，屬於管理階層，工資水平屬於中上等收入。而她只是一個普通的會計，工資較低，只能維持一般生活。平時租房的一些開支如水、電、電話、物管費、房租等都是男方負責。她曾試探性地問過男友，是否同意把兩個人的錢放在一起用，就不用每次算得那麼清楚了，否則時間一長，就會感到有些累。她想，錢都放在一起，自己的工資可以拿來作家用，雖然少，但也合適。但男友堅決不同意，說放一起自己花錢不方便，萬一出去朋友聚會或者應酬隨禮之類的，就既沒有自由，也沒有隱私了，這樣不行。張小姐想，如果自己把卡給了男方，到時候自己想買件裙子，回家看望父母給自己父母一點錢，不是就要請示對方了？這樣的話，她也不願意。就這樣，兩人一直沒有就錢的管理問題達成一致，也因此一直沒有結婚。

心理透視

私房錢該不該存？你的，我的，要不要分那麼清？

在時下社會的婚姻關係中，妻子存私房錢及老公存私房錢已經成為一種較為普遍的現象。私房錢對於一段婚姻關係來說是十分微妙的，因為私房錢折射了夫妻雙方對待金錢的態度，考驗著兩個人之間的責任和誠信。結婚後該不該有私房錢？存私房錢傷感情嗎？

婚姻關係中，如果一方掙的錢比另一方多，掙錢多的一方很容易在金錢上更具有控制力或者有更多支配金錢的自由。到底要不要把錢合在一起，各有各的看法，願意合併的和不願意合併的都各有各的「小算盤」。案例中的張小姐和李先生就是對錢比較敏感的兩個人。張小姐認為，想結婚就是想成為一家人，成為夫妻、婚姻共同體、生活共同體，錢就不應該分你我，一起掙一起花，但是李先生卻不願意。他們都認為經濟不獨立有諸多無法克服的

弊端和不便，或多或少會影響兩個人的感情。當然，錢是共同的，這個說法有時也並不準確。不管是「私房錢」還是「AA制」，都說明婚姻的共同體中多多少少存在著「分離」。兩個人都擁有一部分自己能夠支配的錢，對兩人關係十分有益，但是過分強調你我，並不利於兩人關係的發展。正如張小姐和李先生，都看重自己的錢，所以婚也一直沒有結成。其實，怎麼對待錢，也是相互之間信任程度的某種體現，是兩人關係的一種折射。夫妻間為錢吵架還表現為金錢觀不同，這是大多數家庭矛盾的導火線。從大的方面來看，金錢觀涉及人生感悟、生活理念、如何看待金錢和物質享受；從小的方面來看，則涉及如何花錢，把錢花在什麼地方。其實最重要的就是兩人之間的關係的建立與溝通。這也是張小姐與李先生未做好的一點。

和諧密碼

私房錢，是責任與信任

其實，私房錢最初就是給女人準備的，以便她們應對不時之需，或者在遭遇婚姻不幸時，可以暫渡危機。但現代社會中大多數家庭都是女人管家，男人工資卡全部上繳，私房錢又成為現代社會中男性的代言。存在即是一種合理，夫妻間沒有必要對另一方存私房錢而耿耿於懷。私房錢實際上考驗著夫妻間的責任與誠信，折射出對待金錢的態度。

良好的關係是建立在相互信任的基礎上的。隱瞞信用卡或帳單、偷偷給父母匯錢、誇大購物金額……兩個人從不同背景走到一起，分歧和矛盾再所難免。差異既能增加吸引力，也容易引發矛盾。財務關係是影響夫妻感情的重要因素之一，因此在處理夫妻財務關係的時候，要考慮到兩個人的個性特點、收入情況以及家庭狀況，找到最合適的家庭理財模式，不要讓錢成為毀滅愛情、毀滅婚姻的導火線。

一是數額適度的原則。過去的私房錢可能數額不大，現在大家的收入在不斷增加，除了工資還有獎金、提成等收入，許多人還有兼職、股票等更加隱蔽的收入。所以，私房錢來源越來越多元了，數額也越來越大了。但是對於一個家庭來說，夫妻雙方都有維護家庭、提高生活質量的義務。如果私房

錢留得太多，必然會影響整個家庭的和睦。因此，存私房錢的數額應根據個人的情況，適度但不宜太大。

二是對家庭無害的原則。私房錢雖然是私的，但是它絕不能用於包養、大肆賭博等不當消費和開支，應「取之於家，用之於家」。比如，可以用來給孩子、愛人購買禮物，這樣能增進感情，有利於家庭和諧。私房錢還可以用來孝敬老人、親朋好友隨禮、朋友聚會等。這樣私房錢就不僅僅是私自的活動經費、禮物經費，也可以成為促進感情的經費了。

三是因人而異的原則。在存私房錢的問題上，不同的家庭應該有不同的策略。如果一方的不良嗜好，比如打牌、喝酒等較多，或者對家庭不忠，另一方則有必要攢私房錢，這樣當出現家庭經濟意外的時候，私房錢可以派上用場；如果夫妻一方對存私房錢非常反感，這時最好將兩人的各種收入透明化或者協商實行「AA制」。只要透明公開、公平合理地處理雙方的收入，就不會因一方私自存錢而引發家庭矛盾了。

四是投資理財的原則。無論錢多錢少，現代家庭都需要投資理財。私房錢可以選擇股票、基金、收藏等收益高的投資渠道，即使出現了風險，對家庭也不會帶來多大的影響；如果投資有盈餘，更是錦上添花了。

五是最基本的誠信原則。無論哪一方怎麼存怎麼用，都不能欺騙、惡意隱瞞。只要誠信、對愛情負責，對愛人負責，合理消費，就沒有什麼事是不能解決的了。

小叮嚀

美國哈佛大學婚姻與家庭研究中心主任霍華德·馬克曼指出：「用錢方面的分歧是夫妻衝突中的首要問題。如果夫妻對待金錢的觀點一致，他們會更加幸福；如果夫妻雙方能在收入與開支上取得共識，那麼雙方的溝通就會更加容易。」

夫妻財務模式可以看作婚姻的一種演示，是感情的一種象徵，是夫妻關係的直接表現。夫妻金錢關係的背後存在著很多的命題，夫妻如何處理金錢問題的模式是婚姻感情的風向標。如何避免或減少夫妻經常為錢吵架呢？理

財專家提出了最重要的一點建議——夫妻間要加強溝通。美國55%的夫妻承認之所以為錢吵架，是因為他們沒有抽出足夠和固定的時間來討論家庭財務問題。美國理財專家喬丹表示，為錢吵架是夫妻家庭生活亮紅燈的一個標誌，因為夫妻雙方都會依據個人的經歷來看待家庭財務。因此，夫妻間公開和定期地討論家庭財務問題非常必要。

下面，我們來做個小小的測試：

首先，兩個人分別在紙上寫下你認為最重要的5樣東西，比如親情、愛情、事業、快樂、財富等。請你將寫下的5樣東西，用筆畫掉4樣，只留下你認為最重要的一樣。兩人交換遊戲結果，看看你們對未來生活的期待是否一致。

然後，兩個人分別寫出家庭財務開支的順序，比如服裝、飲食、育兒、娛樂、愛好、家庭建設、自我提升等。兩人交換遊戲結果，看看你們的金錢觀是否大體相似。

對未來生活的期待與對金錢的看法是否一致，直接關係著家庭的穩定與興衰。如果夫妻之間的金錢觀比較接近，那麼婚後的矛盾就會顯著減少；反之，則會增加。

如果雙方的金錢觀差異較大，怎麼辦？

那麼可以這樣做：夫妻雙方應該討論、瞭解各自的支出重點和消費習慣，然後合理地安排家庭支出的優先次序，做出預算。雙方擬定一個數額，任何一方在沒有徵得對方的同意前，不可超額消費。

（六）親愛的，有話好好說

家有煩心事

陳女士最近心裡一直「不爽」，雖然沒有發生什麼大事情，但每天好像總是不順心，也不知道為什麼心裡總是「堵得慌」。這種感覺是從兩週前丈夫去參加同學聚會開始的。那天同學聚會丈夫快到深夜兩點才回到家裡。想著自己開始是很豁達地同意丈夫去參加聚會的，陳女士也就把心中的不滿壓

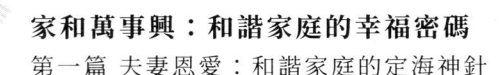

抑下來了。陳女士心想總不能嘴上讓他出去，回來又表現出不滿，那讓他出去聚會的這點好也就白費了。但是不成想，過了一天，丈夫又說老同學好多年沒有見面，對這次聚會大家都很興奮，尤其當年幾個玩得特好的哥們兒更是意猶未盡，所以幾個少年時期的哥們兒想再單獨聚一次。為了能夠讓陳女士同意，丈夫做了整整一天的家務，並且還讓兒時的哥們兒特意打電話來邀請。看著丈夫期待的眼神，陳女士也就無奈地答應了再次聚會的請求。那天，丈夫依舊很晚才回家。

沒過幾天，婆婆打來電話，讓丈夫開車過去給姐姐送些東西。丈夫沒有時間，陳女士就自己開車過去。當她看到婆婆給她自己的女兒準備了半車吃的、用的，而自己的丈夫沒有一點兒的時候，內心的不平衡油然而生。陳女士回家免不了發牢騷，說婆婆偏心眼兒太厲害，好像兒子是撿來的這類話。丈夫在一旁逗孩子，只敷衍了幾句。又過了幾天，陳女士偷偷溜出去給孩子開家長會，不想回單位的時候被主管發現，挨了批評。回家和丈夫說，丈夫居然說她沒有大大方方請假，貪小便宜之類的話。最終，兩人的爭吵爆發了！

陳女士特別委屈，認為自己已經很大方、很有胸懷，並沒有計較什麼，怎麼就貪小便宜、不大方了？丈夫也很委屈：無意中的一句話，原本是想告訴對方，自己在這個事件中也有責任，不要那麼介意領導的態度，怎麼就招來一頓沒完沒了的大吵？

心理透視

吵架，是負面情緒積累到一定時候的爆發

知道吵架是因為什麼引發的嗎？通常，我們以為吵架不過是針對一些事情有不同的看法、觀點，並且彼此不能很好地去協調，最終引發矛盾而產生爭吵。但心理學告訴我們，吵架或許還有很多你並不知道的潛在因素。如果你夠細心，客觀地去分析自己日常生活中的爭吵，你會發現，你們之間吵的不是眼下發生的這件事兒，而是不知道從什麼時候開始積累的一堆事兒。

陳女士吵的只是挨主管批評而丈夫沒有恰當處理嗎？當然不是。

我們平時會有一些情緒的累積，這個累積既有積極的，也有消極的。積極的就是愉悅、快樂、幸福的情緒，而消極的當然就是委屈、不滿、失望等情緒。通常，負面情緒是由於壓抑產生的。當我們處理一件事情的時候，內心很多真實的想法沒有很好地傾訴、表達出來，或是為了顧全大局三緘其口，我們就會出現言不由衷、口不對心的狀態。這樣的狀態讓我們把內心真實的情緒掩藏起來了，但並不會消失。因為被壓抑、掩藏的這個情緒中有自己真實的態度，如果不能很好地接納自己的口不對心，就得面對自我的否定和背叛，不然會產生很多的「後遺症」，比如：會逐步演變成自我價值感降低，感到自己的尊嚴受到了傷害，覺得自己沒有被愛人理解等。陳女士就是這樣一種自我壓抑的爆發。她在第一次對丈夫晚歸的問題產生不滿的時候，沒有很好地和丈夫溝通，繼而引發了對丈夫第二次晚歸不滿的情緒加深。丈夫晚歸這個問題並沒有引發兩性關係當中的信任問題，而是引發了陳女士的不安全感。但她的丈夫沒有發覺這一點。在我們傳統的兩性關係觀念中，通常認為情感雙方是一體的、緊密聯繫的。雖然現在提倡兩個人不論多麼相愛，也要給對方和自己留下足夠的私人空間。但是想要轉變傳統觀念是需要很長時間的。所以，陳女士雖然明白自己支持丈夫參加聚會的行為是正確的，但對於丈夫外出的擔憂依舊是存在的。承載著這樣一種不安全感而做出的決定，陳女士內心中就會產生自我壓抑，導致她在接下來處理家庭中的很多事情時都帶著委屈、不滿，不自主地放大各種事件中自己「奉獻」之後卻得不到回報的委屈情緒。

和諧密碼

想要避免這樣的爭吵很簡單，就是不要壓抑自己的負面情緒，也不要為了顯示某種「大度」讓自己「忍著」過日子。生活不是忍著就能過好的，當問題爆發的時候，要積極和對方進行良性溝通。用不著指責和埋怨，因為壓抑是自己選擇的。溝通的目的是要讓對方體諒你的壓抑，並且能對此進行情感的理解和撫慰。這樣，你就不會暗自生氣，也就避免了爭吵。

心理學中講尊重不僅是要聆聽和理解，並且要學會接納彼此的差異。只有當我們尊重了別人和自己的差異的時候，才真正做到了尊重。當然，這個差異是和道德、法律等一些社會準則無關的。

用「心」爭吵：夫妻吵架會形成相對固定的模式，一旦形成，每次吵架鬧矛盾的時候都會自覺不自覺地按照既定模式進行。一方面，在開始的時候就要形成一種比較「好」的吵架模式；另一方面，假如開始時的吵架模式不好，容易「傷筋動骨」，就要下功夫改變。只要認識到危害性，有改變的決心，並盡力去做，任何事情都可以改變。

吵架模型的建立是從第一次爭吵開始的，要想讓自己獲取更多的情感主動，就不要吵沒有任何意義的架，也不要因為情緒波動而吵架。但是，無論什麼樣的爭吵，我們都不要害怕。正是有了爭吵，你才能發現你們情感中的一些隱藏的危機，也才不會讓小問題積累成大矛盾。

爭吵前，先自問：一個簡單的爭執，有時會因為胡亂說話而弄成「戰爭」，翻出沒有多大意義的話題來「討伐」，吵到最後，甚至撂下一句傷人的話「真不該和你結婚！」這樣做值得嗎？不要在吵架的時候引出一大堆陳年舊事，不要打擊對方的家人、朋友以及同事，否則問題將無限擴大，最初的問題卻無法解決。

爭吵前先問自己三個問題：

第一個，究竟是什麼事讓你生氣？確定具體原因。

第二個，這件事情是否一定要用吵架來解決？確定問題的性質和影響程度。

第三個，吵架能解決問題嗎？充分預計吵架的結果。

在回答完這三個問題後，你常常會發現，本來感覺很生氣的事情其實沒啥大不了的，而且大多都是雞毛蒜皮的事情。吵架只能使兩個人更煩惱，是不會使夫妻感情更深的。

所以，夫妻之間，無論遇到什麼事，都要有話好好說。

小叮嚀

歐洲中世紀流傳一句格言：「一杯白開水，一口乾糧。只要愛人在身邊，哪怕荒漠也會變成天堂。」人生路上有成功，也有失敗；有喜悅，也同樣有悲哀。只要心中有自己的愛人，也就有了責任、有了動力、有了希望、有了戰勝一切困難的勇氣。所以夫妻之間，有話好好說，即使爭吵，也要吵出幸福、吵出和諧。

吵架的幾個「基本原則」

就事論事。為了什麼吵，只談這件事就行，不要擴大，不要上綱上線，不要任意謾罵，扯進「自私」「離婚」這樣的字眼，也不要延伸到對方家人、親戚身上，更不要因此撂下一句話就離家出走，否則只會越來越糟。

絕不動手。無論情緒多麼激動、爭吵多麼激烈，都不能動手摔東西，更不能動手打人。有的夫妻一爭吵就開始摔物品，這其實是非常愚蠢的行為。難道摔了以後不用再買嗎？至於打人，這不僅是法律不允許的，更會讓「戰爭」升級、惡化。

避免攻擊。在夫妻吵架中，最不道德的就是人身攻擊，尤其是攻擊對方的身高、長相、身分、地位等，打擊對方的自信心和自尊心。還有，用一些惡毒的話來揭對方的傷處，其後果不言而喻。

客觀歸因。心理學上有一個有趣的研究──「歸因理論」。其中有一種很普遍的心理現象，即我犯的錯誤都是客觀原因導致的，你犯的錯誤都是你的主觀原因造成的。我們自己做錯事時，總是找無數個理由為自己開脫，夫妻爭吵時也是這樣，常常為自己開脫而詆毀對方。雖然我們都可能不自覺地這樣做，但是這種心態和做法是不對的。

學會認輸。夫妻雙方爭吵，作為任何一方，不需要每吵必贏，表達出你的意思就夠了，不要總是做最後的「總結發言人」。跟自己的愛人認輸，也是一種美德，不丟面子。

盡快結束，沒有「隔夜仇」。一般在爭吵時雙方都情緒激動、沒有控制力，在爭吵越來越升級的情況下，必須要有一方控制節奏、控制時間，採取低姿

態來化解。這不是低頭,而是理智、冷靜,比如採用幽默方式調停,暫時不搭腔等。

(七) 別讓沉默斷送了婚姻

家有煩心事

何某,女,29歲。她和斌結婚才四年,如今卻猶如最熟悉的陌生人,相待如冰。

他們是高中同學,做了三年的同桌,他幽默風趣,才思敏捷。可能是近水樓臺先得月,他們成了很好的朋友。讀大學的時候,他去了另一個城市,但兩人沒有因此斷了聯繫。畢業後,他回來工作,向何女士表白,兩人很自然地走到了一起。戀愛、結婚,一切都是那麼順其自然。

婚後,斌經常加班,二人世界的時間也就少了,但何女士理解斌這樣打拚是想讓自己的生活更美好。她努力扮演好妻子的角色,無論他加班回來多晚,都等他,為他煲湯、加熱飯菜,只希望他回來的時候能感受到溫暖。斌也如此,即使再累再辛苦,也會陪她聊天、聽她嘮叨,大到業務上的麻煩,小到公司裡的八卦。

但是漸漸的,斌的話越來越少,家裡經常只聽到何女士一個人的聲音。她慢慢覺得自己就像一個自言自語的瘋子。某天夜晚,他應酬回來,她聞到了一種連酒味都掩蓋不了的香水味。是女人的直覺也好,多疑也罷,她忍受不住,尖叫著問他。他被這失常的行為嚇到,一下子清醒了,不停地解釋只是逢場作戲。

自此以後,他們開始冷戰。他努力對她好,不再加班,騰出更多的時間用來陪她。而何女士變得不再信任他,不時地翻查他的手機、電腦,想尋找一些可能連她自己都不願相信的證據。面對斌,何女士選擇沉默,她不知道他是否還值得信任。她也嘗試過走近他,但那一次不經意的出軌就像一條無法跨越的鴻溝橫在他們之間,她最終放棄。而斌,也許是真的累了,在哄了何女士一段時間得不到回應後,搬到了書房,也不再和她說話。

兩人都變得沉默，出軌帶來的一系列事件就像千溝萬壑，一道道橫在他們之間。家沒有家的氣息，安靜得可怕。她依舊給他做飯煲湯，只是不再喊他，自己一個人默默吃飯。兩人偶爾對坐著，只是相互看一眼，低頭吃著自己的飯。何女士下班後就躲進房間看電視，斌下班了就去書房，兩人不再坐在一起說笑談心，甚至連吵架都沒有了。即使在酷暑裡，家的感覺還是冷冰冰的……

心理透視

家，需要溫暖

　　案例中，何女士與丈夫斌本是一對令人羨慕的夫妻。從同學成為朋友，從朋友成為戀人，從戀人步入婚姻，有著較為深厚的感情基礎。雖然婚後因為工作關係，各自都比較忙，在一起的時間有所減少，但是兩人的關係還是較好的。何女士本來在處理關係上做得很不錯，但依從自己的內心需要，想讓丈夫有更多的時間陪伴自己，所以在外表與內心之間沒能夠完全一致。在發生了一次「意外」後，何女士心裡的積怨就爆發了，選擇了不願面對，不願溝通。而斌呢，其實也是有委屈的，為家庭努力工作，多賺錢也是為了給妻子更好的生活，對一次偶然的外遇也做了解釋，後面也不斷地做事情來彌補自己的過失，想對妻子好。但是在遭遇一次又一次冰冷的碰壁後，他也沒了熱情，選擇了沉默。這樣一來，夫妻間沒有溝通、沒有交流，問題越積越多，婚姻勢必會出現問題。

沉默其實是一種偽包容

　　一般而言，夫妻過了蜜月期，就會慢慢出現一些爭吵。有些夫妻會透過爭吵逐漸尋找出最適合自己的夫妻相處之道，而另一部分就可能會進入一個相對的沉默期，此時的夫妻雙方在矛盾面前，有可能會為了孩子或者是維持家庭表面上的和睦而避免正面衝突，但隨之而來的卻是越來越少的交流。

　　這種沉默實際上是一種偽包容的狀態，因為這種包容並沒有建立在互相理解的基礎上。夫妻雙方總有一方在壓抑情緒、進行妥協，婚姻質量也一定

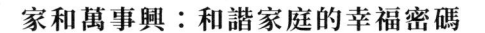

會下降,而且這種積蓄的負面情緒一旦集中爆發,對婚姻將是一種莫大的傷害。

和諧密碼

相愛是一種藝術,是一種高層次的精神財富,不懂得珍惜愛的人永遠得不到真愛。婚後生活會變得現實許多,只有不斷維護婚前的那種激情,平凡的生活才會產生樂趣,才能從生活的煩瑣中體味到婚姻的幸福。如果夫妻陷入了沉默,就應該積極尋求補救的辦法,使家庭生活豐富多彩。比如經常舉辦一些諸如結婚紀念、生日紀念之類的活動,共同回憶初戀與新婚時的情景,以喚醒愛人的柔情,加深夫妻間的感情。也可以一同出去旅遊,或是尋找兩個人都愛好的活動,讓枯燥的婚姻生活再次迸發熱情。婚姻也需要保鮮,否則只會沉默結冰。

雙方溝通很重要

你有沒有想過,他的冷漠並非針對你一個人。有可能他在外面這一天真的很疲憊,不願意說話,回家只想放空,把家當作一個很有安全感的庇護港。面對這種情況,另一方要做的是理解,而不是一味地糾結於對方的冷漠。在日常生活中,如果夫妻遇到這種情況,妻子總是一下子調整到「外遇」模式,一旦被冷漠,就會不自覺地有一些壞的設想,這個先入為主的想法對雙方接下來的溝通毫無益處。此時的夫妻應該達成共識,如果真的是一方很想休息,那另一方就應該給對方充分的調整時間,之後再透過溝通解決問題,這樣才能很好地化解矛盾。作為丈夫,如果太累不想說話,可以先對妻子說「需要暫時休息一下」,或者「讓我先睡兩個小時好不好」,這樣也不會讓妻子心生猜疑。有時候很簡單的交流,可以免去之後很多痛苦的折磨。

老夫老妻更需要情調

老夫老妻也要情調。在婚姻早期或者有些案例中默契就是一種甜蜜,但是長期積累下去就會有潛在的威脅。其實兩個人在一起有很多種形式,上文中這種沉默的危害相對要小一些。但是長期下去,也會有一種潛在的威脅。一旦面臨突發的情況,這種夫妻關係可能就不是那麼的牢靠。因為長期的溝

通功能沒有發揮，兩個人就不知道該如何面對。對於話少的夫妻來說，並非得強迫他們每天不停地交流，也可以兩個人共同完成一件事兒。比如一起去逛逛超市、散散步，使兩個人的關係可以透過一件事情交集在一起。

情感交流少不了

夫妻間缺乏感情交流是滋長愛情厭倦心理的重要因素。夫妻的和諧關係是靠思想訊息的交流來維護的，包括互相的尊重與欣賞。缺乏情感交流的夫妻，隔閡會滲透生活的各個方面，使雙方漸漸疏遠，會先由相互看不慣到相互厭倦，愛情厭倦心理便由此產生。當然，夫妻之間的溝通，要的是一種溫馨的聊天氛圍，而不是非要爭個長短曲直不可。如果總是為一點小事爭執不休，會令雙方精疲力竭的。經常用冷言惡語攻擊對方，是造成夫妻隔閡的罪魁禍首。不要總想著自己的尊嚴，夫妻間主動熱情的溝通，本身就是對愛人的一種尊重與依賴。

小叮嚀

德國社會學家貝克博士甚至懷疑，兩個人到底合不合適一輩子同住一個屋簷下？這一點，心理學教授哈衛克雖然部分贊同，但認為因此而輕言分手，則有待商榷。哈衛克強調，保持對伴侶的關注與興趣，並非理所當然，雙方必須有共識和下功夫學習。如果不肯花這份心思，或經過努力後依然無效，則表示彼此間的關係已「病入膏肓」。

心理學家羅伯特·斯騰伯格的愛情「鐵三角」理論已得到普遍認同：完美的愛情必須包括激情、親密和承諾。激情指的是一種情緒上的著迷，個人的外表和內在魅力是影響激情的最重要的因素。親密指的是兩人心理上互相喜歡，包括對愛人的讚賞、照顧愛人的願望、自我的展露和內心的溝通。承諾主要指個人內心或口頭對愛的預期，是愛情中最理性的成分。激情是愛情的發動機，沒有激情，愛情就缺少了生存和發展的原動力；親密是愛情的加油站，沒有親密，愛情就容易枯竭；承諾是愛情的安全氣囊，沒有了承諾，愛情就多了幾分危險，時刻有崩潰的可能。愛情的三元素組成了穩固的「鐵三

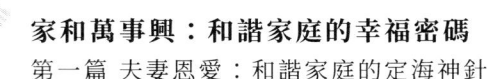

角」，缺了任何一角都不能維持長久。進入婚姻的愛情更需要三足鼎立才站得穩、行得遠，有激情、有承諾、有親密，婚姻怎麼可能沉默不語？

交流方式多樣化婚姻才能更穩固

婚姻沉默症並不是新名詞，而是有專業的解釋：當一日不見如隔三秋的依戀之情落入朝夕相處的現實枝蔓，當卿卿我我纏綿悱惻的熱戀回歸平淡生活，當海誓山盟成為貸款買房、孩子入托之類的具體事務，婚前情話多多的戀人，婚後變成沉默寡言的夫妻。婚前的浪漫似乎早逝，蜜月的溫情似乎不再。是愛情保質過期，還是七年之癢作祟？有這麼一句老話叫「沉默是金」，可沉默放進婚姻裡，金子或許就會變成毒藥，在不知不覺中傷害了夫妻的感情。

沉默症的問題並不在於沉默本身，而是雙方只有這一種僵化單一的交流模式。夫妻之間一定要有空間，沉默可以作為緩衝，而緩衝的目的就是解決問題。交流很重要，夫妻怎麼溝通呢？在我們接觸到的案例中，經常會聽到有些妻子抱怨說：「我罵你或者跟你無理取鬧的時候，就是希望你能抱抱我，這就夠了。」但是丈夫可能就會很委屈：「你把我罵得像廢物一樣，怎麼讓我抱抱你？」這就是男女雙方思維模式的不同造成的。沉默症給夫妻最重要的提醒就是供求能力要平衡，雙方都要能理解對方語言背後的深層含義，能夠看到這些，才有可能做到真正的交流。當夫妻真正互相理解後，沉默或許就是一種溫馨的調合劑，否則就會是情感冷暴力。

所以說，夫妻之間應該具有更加多樣化的交流模式，這樣婚姻關係才能更加穩固。

拓展閱讀

自我診斷——你是否有患上「婚姻沉默症」的危險

○你很少對配偶說一些十分甜蜜的話。你覺得都已經結婚了，已經沒什麼甜蜜話好說的了，那都是談戀愛時才幹的事。

○你們從不討論性生活問題，你覺得做比討論更重要。

○你喜歡一個人做事，不願意和配偶商量。因為，你覺得雖然結婚了，但是你仍需要獨立空間。所以，你不喜歡和人商量。

○你認為故意取悅對方是庸俗的，所以很少去想配偶需要些什麼物品。

○你搞不清配偶對自己的感情如何，反正那對你也無所謂，這根本就不是考慮的內容。反正，結婚就是為了生活，就是為了過日子。

○你從不向配偶認錯，認為這很丟人。遇到矛盾和問題時，你也喜歡獨自生悶氣，不愛和人訴說。

○你對有些事心裡很不滿，可是你並不說，因為你怕說出來會傷了彼此間的感情。

○你不知道配偶對自己哪方面不滿意，婚後很少坐下來交流感情。

○配偶生氣時，你總是置之不理，你覺得過段時間他自然就會好的。

○你心裡有很多祕密，但是你不願意和配偶分享。

○你不喜歡和配偶待在一起，因為你覺得很無聊，你更願意和朋友在一起。你常常覺得與配偶聊天有點兒浪費時間，你寧可上網看書或者看電視劇。

○你們的性生活好像是電腦程式，單調乏味。

○你不知道配偶的敏感區，更不願意把時間浪費在床上，和做愛相比，你寧肯睡覺。

以上只是列舉的一些表現。事實上，現實生活中沉默的現象還有很多具體的不同表現。看看這些症狀，再來比照一下自己的生活，你會發現沉默才是婚姻的殺手。

（八）「齊人之福」，是禍不是福

家有煩心事

繁昌縣平鋪鎮曾發生一起打架事件。一名五旬男子有了婚外情，惹得家人不滿，兒子、兒媳深夜趕到父親的「情人」家中，將對方打了一頓。

家和萬事興：和諧家庭的幸福密碼
第一篇 夫妻恩愛：和諧家庭的定海神針

平鋪鎮的朱某已經五十多歲了，兒子都已結婚生子。有一些經濟頭腦的朱某，看到作為農業大鎮的平鋪鎮大面積機械化種田正在逐步形成，於是他購置了耕田機、收割機等機械，憑藉著辛勤勞作，全家人的生活日漸富裕，一家三代其樂融融。

可是好景不長，有了錢的朱某並不滿足於現有的生活，開始追求所謂更加「甜蜜」的生活。他發現鄰村李某的丈夫長年在外打工，李某帶著兩個年幼的女兒在家，於是朱某將目標鎖定在李某的身上。經過一段時間猛烈的攻勢和金錢的誘惑，兩人發展成了「情人」關係。朱某的家人發現後，妻子、兒子、兒媳等一再勸說均無效果。隨著時間的推移，朱某與李某的關係由地下轉為公開，原來每月交給妻子的可觀收入也減少了許多。朱某與家人的隔閡日漸加深，為此還多次發生糾紛，一家人往日的溫馨被「冷戰」所代替。

最近的一天晚上，朱某又沒有回家。朱某的妻子、兒子、兒媳在一起討論，將自己家庭出現這種情況的責任歸咎於李某，一致要教訓一下李某。朱某的妻子決定親自上陣，但是心疼母親的小朱，決定由小夫妻倆前去教訓李某。凌晨時分，小夫妻倆來到李某房屋外面，摸清李某家的情況後，兩人叫開了李某家的大門，衝入屋內對李某施以拳腳，造成其全身多處受傷。

接到報警後，平鋪鎮派出所警察迅速趕到現場。弄清事情的原委後，警察很快找到了朱某及其兒子、兒媳等人，並將他們「請」進了派出所。經過派出所警察一番批評教育後，朱某、李某面對雙方的家人羞愧地低下頭，表示不再做對不起家人的事情。朱某的妻子等一家人也對自己的魯莽行為表示反省，主動支付了李某的醫藥費。

心理透視

在古代，人們把一妻一妾的組合叫做「齊人之福」，但現代一般指婚外情、婚外戀等。

任何人的婚姻都不是無懈可擊的，之所以有那麼多與子偕老的例子，是因為夫妻雙方在積極地維護婚姻，保護自己的家庭。如今，很多夫妻並沒有盡心盡力地去維護婚姻，所以才導致婚外戀、出軌等情況的出現。根本原因

不在於第三者有多麼強大，而是婚姻露出了縫隙，才讓他們有機會鑽進來。因此，出現問題的夫妻要縫合婚姻中的縫隙，才能抵禦第三者的入侵。就像案例中的朱某，自從有了錢，心思便開始多起來，最終導致鬧劇的發生。

誘發男性婚外戀的幾大原因

(1) 喜新厭舊。喜新厭舊原本就是人類的天性。正是因為人性的這一弱點，當男人在缺失道德約束時，一旦放鬆了對自身的要求，便會步入婚外戀的行列。

(2) 虛榮心的滿足。一些男人認為有情人是件值得炫耀的事情。「家中紅旗不倒，外面彩旗飄飄」成了一些男人所嚮往的理想生活。

(3) 婚姻生活過於平淡。塵世間的愛情，再轟轟烈烈到最後也不過是過日子。若無法明白這一點，男人便會被所謂的「三年之痛」「七年之癢」的魔咒擊中。千篇一律、一成不變的婚姻生活會使無聊與寂寞的男人開始渴求改變，躍躍欲試地尋求冒險。這類男人並不是透過出軌去尋找婚姻中欠缺的東西，只是想擺脫枯燥的生活。

(4) 娛樂場所興盛。各類商務會所、洗浴場等娛樂場所成了一些男人放鬆身心、緩解壓力的去處。最先可能是因為應酬的緣故偶爾為之，可一旦習慣了美女如雲、燈紅酒綠的逍遙快活，久而久之，便容易誘發婚外戀。

(5) 網路日益發達。網路現如今已經成為一些男性出軌的載體。只要看到論壇上有找情人的貼文，一些不甘寂寞、心懷鬼胎的男人便留下 LINE 號碼，期待著一場豔遇的來臨。另外打著同城交友、激情聊天室等幌子的網路平臺也可以成為一些男人尋找刺激的空間。

(6) 名存實亡的婚姻。有些原本早就可以結束的婚姻，卻因為雙方出於對孩子、名譽或財產分割等方面的原因而暫時維持。在這種情況下，出軌一方就不用考慮太多顧忌和約束了。

(7) 道德觀念的缺失。一些男人認為婚外戀不過是很平常的事情，缺乏對婚姻的忠誠和責任。正是由於道德觀念的缺失，他們的責任感變得十分淡薄，大大誘發了他們尋找婚外戀。

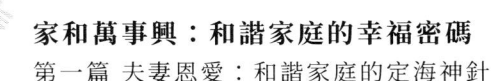

家和萬事興：和諧家庭的幸福密碼
第一篇 夫妻恩愛：和諧家庭的定海神針

和諧密碼

我們認識了婚外戀的誘因，這裡再來瞭解下婚外戀的危害：一是危害自己的身心健康，造成嚴重的精神壓力；二是危害家人的身心健康，尤其對愛人和孩子的精神創傷是極其嚴重的；三是危害社會，導致許許多多矛盾的產生，甚至升級為社會問題，使犯罪率上升。

因此，正視婚外戀問題是社會和每一個家庭、每一個公民都應該做的。要保持家庭的和美幸福，就需要以對方為中心，凡事多為對方考慮，加強與對方的溝通，使生活變得有情趣，讓夫妻雙方都能在婚姻中得到滿足，找到平衡。這樣才能消除雙方的心理障礙，避免婚外戀的發生。

另外，全社會都應該大力維護正常婚姻秩序，譴責婚外戀行為，使當事人認識到婚外戀的錯誤，這樣就會讓婚外戀沒有滋生的土壤。

對付婚外戀明智的辦法是冷靜和明智

研究表明，由婚外戀引起的矛盾占夫妻矛盾的三分之二。婚外戀在結婚後第八年發生最多，第十四年達到第二個頂峰。婚外戀多發生於中年時期（丈夫35～49歲，妻子30～44歲），夫妻關係中的矛盾多發生於新婚時期（丈夫34歲以下，妻子29歲以下）。妻子有外遇，以經介紹而結婚者居多；丈夫有外遇，以經戀愛而結婚者居多。貧困的家庭，妻子有外遇的相對更多；富裕的家庭，丈夫有外遇的相對更多。由婚外戀引起矛盾的，學歷低的階層較多；由夫妻關係引起矛盾的，學歷高的階層較多。

婚外戀的心理傾向，男女有共性，但不盡一致。相對而言，男性多偏重於外表，追求情慾；女性則偏重於內心，追求精神補償。因此，男性的婚外戀比較輕率，耐壓力較低；女性則往往要經歷一番殊死的心靈搏鬥，其情感火焰一經點燃便難以撲滅。對婚外戀的責任追究，男女亦不同。女性多歸罪於第三者，認為是外面的女人勾引自己的丈夫；男性則歸罪於妻子，認為配偶給自己帶來奇恥大辱。

既然婚外戀是源於對婚姻現狀的不滿與當事人道德感的缺失，那麼改善婚姻現狀和提高當事人的道德修養便成了防備和處理婚外戀的重要環節。雖

然婚外戀的當事人背地裡幹了對不住配偶的事，但他們對配偶的愛情之火並未完全熄滅。所以，亡羊補牢仍不晚。

基於上述分析，男女攜手步入婚姻的殿堂後，就應該在共同實現家庭職能的並肩前行中互尊互敬、互親互愛、互幫互助，共同提高對婚姻的道德意識和對家庭的責任意識，共同致力於夫妻關係的調適。做到防患於未然，婚外戀才會失去滋生的土壤。

小叮嚀

配偶發生了婚外戀，怎麼辦？

配偶一旦墜入婚外戀，明智的辦法是交流思想，解決問題。回憶當初，每對夫妻都有一段令人陶醉的日子，只是時間的長與短而已；檢討當前，分析矛盾與衝突的根源，各自做自我批評；展望未來，探討夫妻重新契合的途徑。這樣做的目的，在於用加倍溫暖的心去彌合對方心理的創傷，去喚回對方的心。一般來說，將心比心、以心換心、「精誠所至，金石為開」，婚外戀者儘管婚外戀時感情熾熱，但他們的內心始終為罪惡感和羞恥感所擾，只要敞開心扉，他們會迷途知返的。如果對方一意孤行，視原諒為軟弱，視寬宏為無能，再訴諸法律也不遲。

現實中，有些人既不冷靜，又不明智，任由情緒支配。發現配偶有外遇後，氣惱、憤怒接踵而至，竭力報復，或撲向配偶，或撲向第三者，非置之於死地不可。似乎不這樣做就是便宜了配偶或第三者。殊不知，這樣一鬧，無異於把配偶逼進死胡同，裡外不是人，欲回無門，只得橫下心來割斷最後一縷情絲，投向第三者的懷抱。不贊成把不貞與離婚畫上等號，主張破鏡重圓，並不意味著對婚外戀者的姑息，亦不意味著不同情受害者。構成人感情的因素是極其複雜的，生理學上的「全或無」定律對它並不適用。一個人犯了錯，改了就好，就像滂沱的大雨會使泥土黏得更結實。破碎的愛情，只要修補得當，浪子回頭也是金不換的。

局外人？

情人的出現，固然有各種原因，但最主要、最關鍵的原因是夫妻的關係在某些方面失去了應有的平衡，有了缺憾。夫妻中的一方為了彌補缺憾，便產生了感情轉移。比如夫妻性格不合、性生活不和諧給雙方心理造成壓抑，處理不好，可能會使對方在圍城外尋覓知音。出現這種問題，多是因為男女缺少感情的慰藉，試圖透過與情人交往消除孤獨寂寞感。

婚姻不是靜止的、凝固的，夫妻雙方要為婚姻的健康發展而不斷調整自己，不要冒婚外情的風險。婚外情不可能補償婚姻中的缺欠，也不可能有美好的結局。不要讓婚外情中的痛苦、孤獨和愧疚折磨自己，也不要用婚外情去傷害對方、傷害雙方的家人。尊重自己的人格，更要尊重對方的感情和尊嚴。

第二篇 愛子有方：和諧家庭的大智慧

從孩子呱呱墜地、咿呀學語叫出第一聲「爸爸」或「媽媽」，到孩子長大和父母鬥嘴，都無不展示著一個孩子在家庭中成長的點滴。孩子作為父母愛的延續，從降生之日起就注定受到整個家庭的關注。從某種意義上來說，孩子自然而然地成了一個家庭的核心。

初為人父人母的我們，也自然從孩子出生那一刻起就為他們傾盡所有——時間、情感、金錢。每一位父母都想給自己孩子最好的生活，你們懷著矛盾的心情，既希望孩子快快長大、變得成熟懂事，又希望孩子慢點長大、別被現實所吞噬。可憐天下父母心！不管你們怎麼做，卻總還是有那麼多難以解釋的問題——為什麼孩子不聽話？孩子有事為什麼不願和父母說？孩子成績上不去該怎麼辦？孩子究竟怎麼了……

一、家是最好的學校

十年樹木，百年樹人。在社會上摸爬滾打已久的父母們都深知教育的重要性，哪怕經濟再不寬裕也想讓孩子接受最好的教育。從幼兒園到小學，從初中到高中，只要能進到好的學校，家長哪怕拉下老臉都在所不惜。

但試問，孩子最早接觸的環境是什麼？孩子待得最多的地方是哪裡？孩子接觸最頻繁的人是誰？別用「最好的教育」害了「最好的孩子」！

家，是學校代替不了的環境；父母，更是老師代替不了的責任！

家，是孩子最好的學校；父母，是孩子最好的老師！

（一）父母決定孩子的一生

家有煩心事

馬宇歌，從央視小記者到清華大學畢業生再到牛津大學高才生，一路走來，她的故事被無數人熟知，又被無數人驚嘆。在她的成長道路上，爸爸馬弘毅傾注了大量心血。

宇歌與普通孩子一樣，幼年時對世界充滿好奇。宇歌的爸爸敏銳地覺察到孩子的好奇心，並有意識地引導她。宇歌三四歲時，除了去幼兒園，爸爸還經常帶她到北京的福綏境少年之家、豐盛少年之家和中國兒童活動中心去玩。她看到什麼、喜歡什麼，爸爸就鼓勵她去做什麼。宇歌爸爸說，順應孩子的成長需要，開啟她的潛在智慧，保護她的求知慾望很重要。

宇歌10歲時，爸爸帶她去北京松堂關懷醫院，讓她感受生老病死，學會感恩社會。也正是從那一年起，爸爸經常帶著宇歌去往全國各地旅行，開闊視野。

希望孩子成為什麼樣的人，父母自己首先就要朝這方面努力。宇歌爸爸說：「現在的教育存在一個明顯缺陷。正如電器的插頭和插座只有一一對應，才能起作用。如果插頭兩個眼，插座缺一眼，肯定沒用。我們不應控制孩子的好奇心、求知慾，只讓孩子瞭解正面的東西，阻止他全面地認識客觀世界與複雜的社會。一般事物都有兩面性，甚至多重性，聞香切忌忘了臭，見善無須忽略惡，談幸福追求更不能有意迴避老和死……滿足孩子的好奇心，一定要注意讓孩子儘量得到完整的認識並善加引導，這樣可以造成意想不到的效果。否則，再好的教育初衷，也難達到預期結果。因為你的『插頭』其實是兩個眼的，孩子只知其一的結果等於你把他的『插座』變成一個眼，雙方不能一一對應，自然發生不了什麼有效回應和作用了。」

心理透視

為什麼馬弘毅可以培育出今天的馬宇歌？

馬弘毅在教導馬宇歌的時候，從來不只是靠孜孜不倦的言語教導，更多的是在做好自己的各種角色：家庭中的父親和丈夫、工作中的員工和領導、社會中的公民。身為家長，其實只要做好了自己的本分，做好了本職工作，對孩子來說就是一種教養。因為在孩子的成長過程中，父母是最初和最好的老師。

重視孩子的好奇心

好奇是孩子的天性，這是與生俱來的。當孩子還在襁褓中的時候，他們便對這個世界充滿了好奇。當他們成長為獨立的個體時，這份好奇心還會保留多少就取決於之前家長對孩子好奇心的重視。三四歲對兒童來說，是第一個重要階段。他們的求知慾望逐漸擴張，渴望瞭解一切，什麼都想親自嘗試一下。然而我們往往看到的是，早在這個階段，特別聰明的孩子就被一些家長的無知或誤導給徹底壓抑了！這其實就是對孩子好奇心的忽視。

保護孩子的童心

每個人都有童心，哪怕一個年過半百的人也有可能擁有一顆赤子之心，這其實是人美好的品質。但是，隨著年齡的增長以及孩子越來越社會化，保留住一顆童心是一件很難的事情，這需要家長的幫助，一定要找到契機來鼓勵孩子童心永駐。只有童心不泯，才會勇於探索和追求！

建設孩子的善心

善良是比聰明更難得的品質。人之初，性本善。而將這種善良更好地投入到生活中，保持在生命的每一個階段，更是難能可貴。孩子善良的品性其實是家長潛移默化的教育。教會一個人善良，不是靠言語表達，而是用行動來做到「善良」二字，讓孩子切身感悟到善良的美好和可貴，才會使孩子擁有一顆感恩的心，友善地對待自己和他人。

和諧密碼

父母要正確看待自己的身分

父母也只是平常人，並不完美，更沒有超能力。身為父母難免會犯錯，也有力所不能及的時候。父母不會在所有方面都比孩子優秀，但是父母可以努力和孩子一起成長。父母作為家長，需要持續給予孩子愛和支持，做好言傳身教，因為語言和行為的一致性會讓孩子更好地成長。

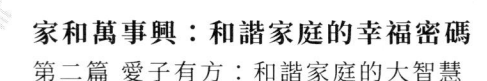

父母需要明白的一些道理

沒有兩個人是完全一樣的，所以孩子也不是父母的「複製品」。父母和孩子是不同的人，沒有誰可以以任何理由去控制對方。溝通的效果不在於父母怎麼說、說什麼，而在於孩子是怎麼回應父母的。理解孩子所有的行為背後必然有其認為正確的理由。別拿「愛」當作籌碼和藉口，孩子會因為「愛」與父母疏遠；父母可以參與孩子的成長、幫助孩子的成長，但是永遠都不能代替孩子去成長。所有問題的發生都會有其解決的辦法，如果現在還沒有，只能說明父母和孩子還沒有找到解決問題的途徑。

做一位好父母，更要做一名好家長

很多父母不明白家長和父母有什麼區別，但二者卻真真實實地存在著一些細微的差異。

作為父母，這是由血緣關係確定的，這種天然的親子關係是任何人無法代替的。父母的角色其實很簡單，要向孩子表達一種「無私的愛」。這種愛是一種不計籌碼、不計回報的愛，講究的是付出；而每位父母作為家長這一角色，承擔著更多的責任。作為家中的長者，對孩子不只是一味付出，還需要教養他們，幫助他們成長，這是一種義務！

很多父母一味望子成龍，卻忘了身為父母這個角色所應有的不計籌碼和回報的無私的愛；而很多家長，則一味地寵溺孩子，忘記了身為家長這個角色對於孩子身心的健康成長有不可替代的責任和義務！

小叮嚀

小寶寶親子遊戲

0～1歲：照鏡子。家長和寶寶一起站在鏡子前，教孩子認識眼睛、鼻子、嘴巴、耳朵等，增強寶寶的自我意識；家長透過做各種表情讓寶寶觀察，並引導寶寶發出「啊」「嗚」「哈」等聲音，以便寶寶透過表情瞭解他人心情，學會區分他人和他物。做的次數越多，孩子的認知能力越強。

一、家是最好的學校

　　1～2歲：能幹寶寶。在洗澡前，可以讓寶寶幫忙拿洗澡會用到的毛巾、香皂、衣服等物品，這樣多做會讓寶寶明白做事前應先思考判斷，計劃好行動的步驟，建立最初的統籌觀念，這將使寶寶受益終身。

　　2～3歲：表達感受。在平常的生活中，讓寶寶吃東西、聞氣味或者觸摸東西的時候，可以讓寶寶說出不同的感覺，並且引導寶寶表達自己的感受。這樣，既提高了寶寶的感知能力，還提高了寶寶的語言表達能力。要知道，形容詞比名詞、數詞還要讓寶寶難以理解。

　　3～4歲：看圖編故事。給孩子準備一些圖片，引導他們講出圖片上有什麼，並且讓他們隨意根據圖片編撰故事。這個遊戲開始要簡單一點，父母要給予孩子更多的鼓勵，才能培養他們的觀察力，豐富他們的想像力和創造力。

　　4～6歲：猜一猜。準備孩子平時看過或用過的東西，讓孩子閉上眼睛用雙手去觸摸它們，然後猜猜摸到的是什麼東西，這樣可以增強寶寶的知覺能力和判斷力。為了讓遊戲更為有趣，可以和寶寶一同比賽，看誰猜得又準又快。

（二）做好父親這一終生職業

家有煩心事

　　父親下班回家已經很晚了，身體疲倦、心情也不太好。這時，他發現5歲的兒子正靠在門邊等他。

　　「我可以問你一個問題嗎？」兒子問。

　　「什麼問題？」父親有些不耐煩。

　　「爸，你一小時能掙多少錢？」

　　「這與你無關。為什麼要問這樣的問題？」父親不解地問。

　　「我只是想知道。」兒子望著父親，懇求道，「請告訴我，你一小時掙多少錢？」

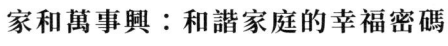

「假如你一定要知道的話，那我就告訴你吧！我一小時掙 20 美元。」父親有點按捺不住了。

「喔。」兒子沮喪地低下頭。過了一會兒，他又抬起頭，猶猶豫豫地說：「爸——，可以借給我 10 美元嗎？」

父親終於發怒了：「如果問這種問題就是想向我借錢去買毫無意義的玩具，那你還是回房間去，躺到床上好好想想，為什麼你會那麼自私。我每天長時間辛苦工作，現在需要休息，沒時間和你玩小孩子的遊戲。」

兒子一聲不吭地走回自己的房間，輕輕地關上了門。

兒子走後，父親還在生氣。過了一陣兒，他漸漸平靜下來。想到自己剛才有些粗暴，他走進孩子的房間，輕聲問：「你睡了嗎？」

「爸，還沒呢，我還醒著。」兒子回答道。

「爸爸今天心情不太好，所以剛才可能對你太凶了，」父親說，「這是你要的 10 美元。」

「爸，謝謝你。」兒子欣喜地接過錢，然後又從枕頭下拿出一些皺皺的鈔票，仔細地數起來。

「你已經有錢了為什麼還要？」父親又開始不解了。

「因為只有那些還不夠，不過現在足夠了。」兒子回答道。然後他將數好的錢全部放在父親手裡，認真地說：「爸，我現在有 20 美元了，我可以向你買一個小時的時間嗎？明天請早一點回家，我想和你一起吃晚餐。」

心理透視

關注爸爸：寧願花錢，不願花時間

「男主外、女主內」的傳統思想一直深深地影響著中國的家庭（當然我們也不排除國外很多家庭也是這種模式），以至於很多父親在教育孩子的問題上一直秉持著「教育孩子是媽媽的事，我的任務是掙錢養家」的觀念。即

使很多父親已經沒有了這種傳統觀念的困擾，但在行動上往往表現出對孩子教育的漠視。

為什麼很多男性可以在職場上叱吒風雲，卻做不好「父親」這一終生「職業」？

工作原因。父親往往是家庭主要的經濟來源，這就決定著他們要花大量的時間在工作上，自然就會縮短了與孩子或家人相處的時間。工作問題在很大程度上成為他們在「父親」這一角色上缺失的原因。

觀念錯誤。在中國傳統教育中，父親對於教育孩子的這一責任體現並不突出。在傳統「男主外、女主內」的社會裡，父親們很少覺得自己應該在教育孩子上擔負重要的任務和責任。他們更願意透過妻子去瞭解孩子，而不是和孩子直接溝通。這種錯誤的觀念在大多數父親中根深蒂固。

不懂教育。很多父親不懂得該怎麼去表達父愛，做一位合格的父親。他們往往用金錢和物質來代替父愛的傳遞，即便很多時候他們有時間和孩子做一些簡短的交流，他們也更願意保持沉默。很多父親天性使然地不懂得用語言和行為去表達愛意，很自然地用金錢和物質來填補孩子心靈的空缺。

上面所說的種種，都不過是替天下愛面子的父親們所找的藉口或說辭。原因有且只有一個——不願改變。以工作太忙為藉口，在心理和行為上逃避做父親的責任；以傳統教育做法為藉口教育下一代，不願意改變自己的認知錯誤；以不知道怎麼教養孩子為藉口，用物質來彌補自己情感的缺失。

其實，一位好父親可以決定的不僅僅是整個家庭的和諧環境，更是孩子的幸福一生。所以，請做好「父親」這一終生「職業」！

和諧密碼

協助爸爸：做好「父親」這一終生「職業」

有美國心理學家認為：一個人能夠取得的成就，20%取決於後天的努力，80%取決於其父親。媽媽對孩子的影響是你能不能成為一個獨立的人，而爸爸則是塑造孩子對生命的看法，這關係到孩子人格的形成。

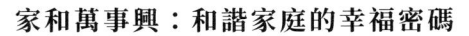

時下熱播的親子節目《爸爸去哪兒》，讓我們看到幾位「窘爸」明星作為父親時的措手不及。那麼，身為父親，應該怎麼做才能更好地促進孩子成長呢？

(1) 參與到教育孩子的行列中。觀察並瞭解妻子是怎麼教育孩子的，並給妻子提出建設性的意見或建議，在教育子女的觀念上務必與妻子協商並達成一致。

(2) 成為孩子的朋友和遊戲夥伴。父親往往比母親更容易和孩子建立起朋友關係並成為遊玩的夥伴。父親在遊戲中能讓孩子體會並學習到責任和力量。父親增加陪伴孩子的時間，能讓孩子的人格成長得更為健全。

(3) 成為子女敬仰的對象。父親的形象一直是高大偉岸的，是孩子們的依靠。身為父親，要有這種意識並且能隨時保持這種責任感。能夠保護孩子的父親，能給孩子更多的安全感和自信，更有利於鼓勵孩子去冒險和探索。

(4) 增加和孩子之間的交流。家庭中普遍是母親與孩子的交流較多，但是父親與孩子的交流完全不同於母親，父親更多地把關注點放在孩子的個性和人格成長方面。孩子們也更願意在父親面前展現出獨立的個性。

(5) 決不使用暴力。父親的打罵會讓孩子內心更為恐懼和慌張。在父親打罵下成長的孩子多半都性格扭曲或有暴力傾向。

(6) 不要試圖隱瞞自己的真實感受。自己的真實感受，身邊真實發生的事情，都要如實地告訴孩子，當然要採取對孩子有利或者願意接受的方式。欺騙孩子，有時候哪怕是善意的謊言也會留下深深的傷痕。

(7) 表達出內心真實的愛。父親無論在語言或動作上都不會太多地表現出自己內心深深的愛。做好父親這一終生「職業」，學會向妻子、孩子以及其他家人表達自己對他們的愛意是很有必要的。當妻子兒女感受到這種濃濃的愛意時，身為父親的你就已經做好了一半。

小叮嚀

相信爸爸：能做一個好父親

小小故事會 1

著名作家老舍有一套與眾不同的教子章程：一是不必非考 100 分；二是不必非上大學；三是應多玩，不失兒童的天真爛漫；四是要有健壯的體魄。老舍認為：孩子將來做一個誠實的車伕，或者是憑手藝吃飯的工人，比做貪官汙吏強得多。所以他明確要求不可虛榮、不可貪得、誠實虛己、自勞自力。這種樸實的道德品質教育，對孩子一生的成長是十分有益的。

小小故事會 2

丹麥童話作家安徒生出生在富恩島上一個叫奧塞登的小城鎮上，那裡有不少貴族和地主。安徒生的父親只是個窮鞋匠，母親是個洗衣婦。貴族、地主們怕降低了自己的身分，從不讓自己的孩子和安徒生一起玩。安徒生的父親對此非常氣憤，但一點也沒有在孩子面前表露出來，反而十分輕鬆地對安徒生說：「孩子，別人不跟你玩，爸爸來陪你玩吧！」

父親親自把安徒生簡陋的房間布置得像一個小博物館，牆上掛了許多圖畫和瓷器，櫥窗上擺了一些玩具，書架上放滿了書籍和歌譜，即使在門玻璃上，也貼了一幅風景畫。父親還常給安徒生講《一千零一夜》等古代阿拉伯的故事，有時則給他念一段丹麥喜劇作家霍爾堡的劇本，或者英國戲劇家莎士比亞的劇本。

為了豐富安徒生的精神世界，父親還鼓勵安徒生到街上去觀察埋頭工作的手藝人、彎腰曲背的老乞丐、坐著馬車橫衝直撞的貴族等不同階層人們的生活。這些經歷為安徒生之後創作出《賣火柴的小女孩》《醜小鴨》等童話故事打下了堅實的基礎。

（三）好媽媽勝過好老師

家有煩心事

母親第一次參加家長會，幼兒園的老師對她說：「你的兒子有過動症，在凳子上連三分鐘都坐不了，你最好帶他去醫院看一看。」回家的路上，兒子問她老師都說了些什麼。她鼻子一酸，差點流下淚來。因為全班 30 名小

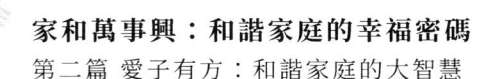

朋友，唯有他表現最差，最不受老師喜愛。然而，母親告訴兒子：「老師表揚了你，說寶寶原來在凳子上一分鐘都坐不住，現在能坐三分鐘了，說你進步了呢！」那天晚上，她的兒子破天荒地吃了兩碗米飯，並且沒有讓她餵。

兒子上小學了。家長會上老師說：「全班50名同學，這次數學考試，你兒子排第49名。我懷疑他智力有些障礙，您最好帶他去醫院查一查。」回去的路上，她流下了眼淚。然而，她回到家裡，卻對坐在桌前的兒子說：「老師對你充滿信心。他說了，你並不是個笨孩子，只要能細心些，會超過你的同桌，這次你的同桌排在第21名。」說這話時，她發現，兒子黯淡的眼神一下子充滿了光，沮喪的臉也舒展開來。

孩子上初中了。又一次家長會，她坐在兒子的座位上，等著老師點她兒子的名字。因為每次家長會，她兒子的名字總是在差生的行列裡。然而，這次卻出乎她的預料，直到結束，她都沒有聽到兒子的名字。她有些不習慣，便去問老師。老師告訴她：「按你兒子現在的成績，考明星高中有點危險。」她懷著喜悅的心情走出校門，然後告訴兒子：「班導師對你非常滿意！他說了，只要你努力，很有希望考上明星高中。」

兒子高中畢業了。第一批大學錄取通知書下達。她有一種預感，兒子會被清華錄取，因為在報考時，她給兒子說過，相信他能考上這所學校。兒子從學校回來，把一封印有清華大學招生辦公室的特快專遞交到她的手裡，便轉身跑進自己的房間大哭起來，邊哭邊說：「媽媽，我一直都知道自己不是個聰明的孩子，是您……」這時，她再也按捺不住十幾年來凝聚在心中的淚水，任它打在手中的信封上……

心理透視

媽媽在家庭中扮演的角色

媽媽在家庭中，既是父母的女兒，要做好為人子女應盡的孝道；又是妻子，要做好為人妻應有的婦道；還是兒女的母親，要做到照顧子女應負的責任。母親在家中的角色常常是偉大的，特別是新時代的母親，她們不僅在外要有自己的事業，在家還要相夫教子、侍奉公婆。

因此，母親在家庭中更多地扮演著協調者的角色。她要平衡自己的工作和家庭的關係，要協調夫妻、親子之間的關係。母親就像是一個環，把家庭中的大小事務，家庭內外的大小關係都環環相扣到一起。因此，作為母親，其情緒是最能影響整個家庭的。夫妻關係和睦，親子關係親密，家庭環境和諧，這些都與母親的情緒有極大的關係。

媽媽對孩子的成長所起的作用

人們常說：「見其母，知其子。」國外某教育機構透過調查研究發現：孩子90%的素質形成都來源於他的母親，也就是說，母親的素養如何，其教育方式如何將直接決定孩子的未來。

(1) 母親更能給予孩子無微不至的照顧。健康的身體是做好一切事務的前提，沒有什麼比擁有一個健康的體魄更為重要。母親的細心和耐心更能幫助孩子養成良好的生活習慣，讓孩子健康成長。

(2) 母親更能讓孩子充滿愛心和同情心。母愛的偉大讓孩子更能體會愛的無私；母親對孩子的疼愛呵護，讓孩子的內心更容易充滿愛心；母親的憐憫也會讓孩子對世界感恩，充滿同情心。

(3) 母親更容易讓孩子與外人順暢交流。這一切都來源於母親更能與孩子親近溝通。母親與孩子的交流溝通方式，能讓孩子從中學習，獲得積極的正面能量，從而成長為更好的人。

(4) 母親對孩子情緒管理的影響更大。如上面所說，母親的情緒能影響整個家庭的氛圍，孩子對自我情緒的管理方式在很大程度上來自母親。他們從母親那裡獲得了更多掌控自己情緒的方式，母親情緒管理能力強，教養出來的孩子情商更高。

和諧密碼

身為母親，應該怎麼做

(1) 比起爸爸們的「不善言辭」，媽媽們更應該對孩子多一些表揚和鼓勵，多說「我愛你」來表達自己的心意。要注意的是，在表揚孩子的時候，言語

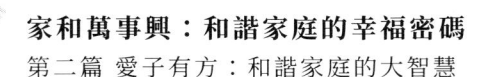

應該更加具體，告訴孩子「你能自己收拾玩具，我覺得你這樣做很好」遠比一句「寶貝真棒」更為有效。正確的表揚和鼓勵強化的是孩子的行為過程，而不是結果。

(2) 不責罵或動手打孩子。90%左右的孩子都是與母親接觸更多。生活中瑣碎事務的接觸，更容易讓孩子和母親之間產生矛盾。很多年輕的父母往往很容易就對自己的孩子指責、發火，即便沒有對孩子打罵，也已經對孩子的心理造成了影響。被打罵的孩子既不見得比別的孩子聽話，也不見得比別的孩子能幹。

(3) 不在孩子的面前同愛人發生爭執。雖然不用刻意去營造父母恩愛的場景，但是維持一個家庭的和諧環境對孩子的成長非常重要。父母在孩子面前爭吵對孩子心靈的創傷並不低於父母直接責罵孩子。如果父母已經在孩子面前發生了爭執甚至是打罵，一定要向孩子解釋清楚父母的矛盾與他無關，不要讓孩子產生「家裡發生的矛盾都來自他」的心理，這樣容易導致孩子自卑。

(4) 主動和孩子溝通交流。研究調查顯示，母親更容易成為孩子傾訴的對象。要做一位好媽媽，就必須知道孩子在想什麼，放下身段，坦誠和孩子做一次深度的對話。這樣，一方面能讓媽媽更瞭解自己的孩子，另一方面更能拉近媽媽與孩子之間的距離。

(5) 媽媽要做到知書達理、樂觀向上。父親影響孩子的人格，母親影響孩子的性格。希望自己的孩子性格好，做媽媽的就一定要努力嘗試去彌補自己的性格缺陷。媽媽要求孩子做到的，自己要先做到以示表率。耳濡目染之下，孩子自然就能形成好的性格。

(6) 不要溺愛孩子，也別包辦一切。母親對孩子的愛最容易演變成過度寵愛，好媽媽要學會愛有方、嚴有度，不溺愛孩子，當然也不總是替孩子做出選擇。在教育孩子上，母親最容易犯的錯誤就是溺愛和包辦，正確地去愛孩子，避免這兩個錯誤發生，才能更好地給予孩子愛的教育。

小叮嚀

心理學小知識

讓·皮亞杰是近代有名的兒童心理學家。兒童認知發展階段理論是他最著名的學說，他把智慧的發展劃分為四個階段：

(1) 感知運算階段（出生後 2 歲）。這一階段嬰兒只有動作的智慧，而沒有表象與運算的智慧。他們依靠感知運動來適應外部環境。這個階段的兒童行為發展經過三個層次：本能時期、習慣時期和智慧活動萌芽時期。兒童出生後的第一個月只是遺傳性反射格式的形成；從第二個月開始形成習慣，對一些單一的反射動作加以整合、聯結，如尋找聲源，眼睛隨著運動的物體轉動等；大約在 9 個月到 1 歲開始出現最初的感知運動智慧。

(2) 前運算階段（2 歲至 7 歲）。這一階段兒童的思維特點是以自我為中心，不能區分主體和客體。例如在這一階段後期兒童可以說出自身的左右，但對對方的左右常常弄錯。這一階段兒童思維的另一個特點是直覺性以及集中性。他們的判斷仍受直覺調節的限制。

(3) 具體運算階段（6 歲至 12 歲）。這一階段的基本特點是開始進行心理運算，能在頭腦中依靠動作的格式對事物的關係系統進行逆反、互反、傳遞等運算。具體運算階段的兒童，雖然在問題推理、解決和邏輯方面已經超過了前運算階段的兒童，但其思維還具有侷限性，不能進行抽象的語言推理，離不開具體事物的支持。

(4) 形式運算階段（從 11 歲開始，往後一直發展）。這一階段的兒童已經達到了成人的成熟思維，是認知發展的最高階段，能在頭腦中將形式和內容分開，具有抽象思維，能根據假設來進行邏輯推理。

（四）塑造孩子的自我價值

家有煩心事

「是麗丹（化名）的家長麼？我是她的班導師王老師，您今天下午有空麼？來學校吧，我想就麗丹的事和你聊聊。」接到班導師電話的麗丹媽媽錯愕了，從小學到初中，孩子一直乖巧懂事，成績也不差，從未有過「請家長」一說，今天居然碰上了！

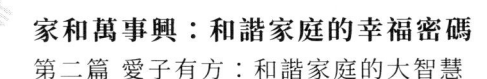

「是這樣的，您別緊張，其實沒什麼大事。就是想問問您，最近麗丹是不是有什麼心事啊？平時她安安靜靜的，上課也不積極回答問題，明明知道答案，回答起來聲音都細細小小的。前不久市裡有徵文比賽，她平時作文寫得挺好，我想讓她參加，她卻說自己參加也得不了獎就拒絕了。最近班裡籌備學校的文藝演出，我知道你家麗丹會古箏，想讓她表演一下，她卻說不想在那麼多人面前演奏，也婉拒了。我原覺得她是個內向的孩子，最近看她神情都不太對勁，是不是家裡發生了什麼事，她不願說呢？」班導師娓娓道來。

「孩子能有什麼心事呢？」麗丹媽媽怎麼也想不通。雖然知道孩子一向文靜，凡事不願意「出風頭」，可是也不像有心事的孩子啊！

回到家，媽媽決定和麗丹就班導師提到的事情好好談談。可麗丹卻說：「全市作文寫得好的人那麼多，我又怎麼可能得獎呢？白白浪費那些精力和時間。您總說我手腳不協調，古箏彈得又不好聽，讓我去演出，不也是在那麼多人面前丟臉麼？班裡李媛的鋼琴彈得可好了，讓她表演也挺好的……」

看見麗丹低著頭輕言輕語，那瘦弱的身軀印在麗丹媽媽的心裡，一時間竟說不出話來……

心理透視

思考一下，你擁有一個什麼樣的家庭

作為孩子的家長，你對現在的家庭生活滿意麼？你覺得你和父母、愛人、孩子親近麼？家人之間是否相互愛護、相互信任？作為家庭的一員，你覺得這是一件讓你愉快、榮幸的事麼？最後，再來整體感受一下你的家庭是一種怎樣的氛圍，那就不難解釋我們接下來提出的問題，為什麼有的孩子自我價值感低？

孩子為什麼自我價值感低？

孩子出生後沒有衡量自我價值感的標準，只能透過接觸他人並從他人的看法中來形成價值觀。在孩子上學前，他們的自我價值感都是透過家庭這個外界因素建立起來的。在家庭中，起最大作用的就是孩子的父母。父母的一

言一行、一舉一動，甚至是一個面部表情，都是一種信號，會影響孩子對自我價值的判斷。

孩子自我價值感低，往往是來自家長的一些言語和行為反應。孩子一犯錯誤就受懲罰，讓孩子沒有機會學習什麼叫做責任；孩子做得讓家長不滿意，家長就用「真沒用」「你好笨」等言語來刺激孩子，讓孩子覺得自己沒用、沒有自信；家長不與孩子交流，孩子也學不會與他們交流，這樣不僅人際關係產生障礙，孩子個人也會對社會充滿懷疑，變得自卑。孩子從小養成的低自尊，往往來源於父母沒有意識到的教育問題。

孩子長大後進入學校，這時候他們不僅要從老師那裡學習知識，還要從老師那裡學習如何做人。老師對學生劃分三六九等，區別對待優等生和差生，極其容易培養出低自尊的孩子。

孩子之間只要有交流，就會有比較心態，這是人的正常心理。家長、老師會拿孩子們做對比，孩子就自然而然地養成了和同學對比的習慣。而這種對比很容易形成孩子的自卑心理，孩子體驗到的自我價值感就低。

和諧密碼

自我價值包含哪些方面？

自我價值，是指不依賴自身以外的人、事、物來證明的價值。完全由自我決定的價值就是自我價值，是一種獨立的人格。自我價值主要體現在：自信、自愛、自尊三方面，其中自尊是核心。

自信就是信賴自己的能力。一個人對自己沒有信心，就不會對別人有信心，別人對他也就不會有信心。

自愛就是愛護自己。一個人不愛自己，就不會愛別人，別人也不會愛他。

自尊就是尊重自己。一個人不尊重自己，就不會尊重別人，別人也就不會尊重他。

如何塑造孩子的自我價值？

(1) 創造良好的家庭環境。問題家庭不一定會出問題兒童,但是問題兒童背後一定有一個問題家庭。良好的家庭環境,對孩子的成長來說十分重要。在高自尊父母的教養下,孩子的自我價值感自然不會低。

(2) 父母一定要注意自己的言行舉止。要注意言傳身教。不恰當的言語會在不經意間傷到孩子,不利於孩子自信的樹立和自尊的培養。

(3) 平等對待孩子,給予他們信任。尊重他們,並讓他們尊重自己的意願。給予孩子信任,其實是傳遞給孩子一種安全感,安全感高的孩子更加自信自愛。

(4) 對孩子付出無條件的愛。不在自己的愛上附加要求和籌碼,引導孩子用正確的方式愛自己,才能更好地愛他人。

(5) 鼓勵和讚揚是培養孩子提高自我價值最有效的方式。當孩子受到表揚,不僅會在心理上得到更多的幸福感,而且在行為上也會強化他去更好地做事做人。

(6) 要開發引導孩子去發現自己與他人的差異性,並且要讓孩子樂於接受自己的不同之處,鼓勵激發孩子培養自己的興趣,讓孩子從中體驗到自我價值。

小叮嚀

小小故事會

海倫·凱勒是美國著名作家和教育家。1882 年,她一歲多的時候,因為發高燒,造成腦部受傷。此後,她的眼睛看不到,耳朵聽不到,後來連話也說不出了。她在黑暗中摸索著長大。七歲那年,家裡為她請了家庭教師,也就是影響海倫一生的莎利文老師。莎利文小時候眼睛也差點失明,瞭解失去光明的痛苦。在她辛苦的指導下,海倫用手觸摸學會手語,摸點字卡學會了讀書,用手摸別人的嘴唇,終於學會說話了。莎利文老師為了讓海倫接近大自然,讓她在草地上打滾,在田野中跑跳,在地裡埋下種子,爬到樹上吃飯;

還帶她去撫摸剛出生的小豬，到河邊玩水。海倫在老師愛的關懷下，竟然克服了失明與失聰的障礙，完成了大學學業。

1936年，和她朝夕相處五十年的老師離開了人間，海倫非常傷心。海倫知道，沒有老師的愛，就沒有她後來的成就，便決心要把老師給她的愛發揚光大。於是，海倫跑遍美國大大小小的城市，周遊世界，為殘障人士到處奔走，全心全意為那些不幸的人服務。

1968年，海倫在她87歲的時候去世了。她終生致力於服務殘障人士，她的事跡傳遍全世界。她寫了很多書，她的故事還被拍成了電影。莎利文老師把最珍貴的愛給了海倫，她又把愛傳遞給那些不幸的人，給他們帶去光明和希望。

拓展閱讀

自尊宣言：我就是我

在這個世界上再也沒有第二個我。我和某些人可能會有些許相似之處，但沒有一個人和我完全相同。我的一切都真真實實地屬於我，因為都是我自己的選擇。

我擁有自己的一切：我的身體，以及我的一切行為；我的頭腦以及我的一切想法和觀點；我的眼睛以及它們所看到的一切；我的所有感覺，憤怒、喜悅、沮喪、友愛、失望和激動；我的嘴巴以及由它說出的一字一句，或友善親切或粗魯無禮，或對或錯；我的聲音，或粗獷或輕柔；還有我所有的行動，不論是對自己還是對別人。

我擁有自己的想像，自己的夢想，自己的希望，自己的恐懼。

我的勝利和成功乃因為我；我的失敗和錯誤也出於我。

因為我擁有自己的全部，我和自己親如手足。我學習跟自己相處，愛惜自己，善待屬於自己的一切。現在我可以為自己做一切事了。

我知道，我的一些方面讓我困惑，另外一些則使自己不解。但只要我仍然善待自己愛惜自己，我就有勇氣、有希望解決困惑和進一步認識自我。

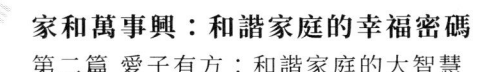

不管別人如何看我，不管那時我說了什麼，做了什麼，想什麼，感覺到了什麼，一切都真真實實地屬於那時的自我。

當我回想起自己的表現、言行、思想和感受，發現其中一部分已經不再適宜，我會鼓起勇氣去拋棄不適宜的部分，保存經證實是適宜的部分，創造新的以代替被拋棄的部分。

我要能夠看、聽、感覺、說、做。我要能夠生存，能融入群體，能有所貢獻、有所作為，讓我所處的世界、我周圍的人和事因我的存在而井井有條。

我擁有自我，那麼我就能自我管理。

我就是我，自得其樂。

——摘自薩提亞《新家庭如何塑造人》

（五）快樂學習勝過好好學習

家有煩心事

期末成績下來了，俊凱（化名）默默地坐在父母跟前不敢說話。

「你看，這題你不會做麼？你把你那練習冊拿來，平時讓你做的習題是不是有道類似的題，怎麼一到考試就不會做了？」爸爸生氣地說道，「還有這裡，你這孩子怎麼一點都不細心？考試的時候腦袋都在想什麼！細心一點兒，一檢查就會發現自己算錯了，這分該丟麼？」

俊凱不說話，他知道現在無論說什麼都無濟於事，只能落個「狡辯」的「頭銜」。「他就是不用心，平時每天學習到那麼晚，就是做樣子給我們看！花費了那麼多時間學習，你說要是學進去了，成績能這樣？」媽媽也在一旁指責道：「俊凱，你是比別的孩子笨麼？啊？別人都會就你不會！成績怎麼也上不去，我看這個暑假你也別想著出去玩了，今晚就去制訂個假期學習計劃出來，電視也不許看！啥時候把書讀到心裡面去了，啥時候再說其他的娛樂項目！」

俊凱雖不說話，可眼睛紅紅的，心裡也是氣不打一處來。平時自己就比別的孩子花更多的時間在學習上，白天要上課，晚上要熬夜學習，週末還得去補習班。看到別的同學週末外出打球、玩樂，甚是羨慕，可每次收到和朋友出去玩的邀請總是被媽媽先行回絕。上學的時候還不免遭到同學調侃：「我們班俊凱那週末用功的勁兒，這是非進北大清華的料啊！」而成績平平的他，在每次考試後又總是覺得羞愧不已。如今暑假也難逃父母的「魔爪」，繁重的學習任務壓得俊凱喘不過氣來……

　　默默拿著試卷回房的他，看著書桌上一沓沓習題本、輔導書，心裡一陣惡心反胃。現在的他恨透了這些繁雜的書籍，只怕是整個暑假也難以消化了……

心理透視

孩子為什麼不願學或者為什麼學不好？

　　學習不僅是孩子面臨的難題，也成為很多家長在培養孩子的過程中所面臨的首要難題。學習原本是件「活到老、學到老」的事情，為什麼就成了很多家長和孩子的難題呢？

　　(1) 孩子對課程沒有興趣，不願意學習，自然也就學不好。傳統的教學方法和傳統的家長觀念，總覺得上課認真聽講，認真完成老師安排的作業就是好好學習，但是在有些孩子眼裡這些都是機械般的重複操作。課程沒有樂趣，作業沒有趣味，自然不能培養出興趣去學習。學習再難可能也比不過那些大型網遊，為什麼孩子玩遊戲的興趣還那麼高呢？

　　(2) 學習的信念和價值觀不正確。信念是指孩子對讀書、學習的看法是什麼。家長認為讀書、學習本來就是一個枯燥、辛苦的過程，那麼孩子對讀書和學習的信念自然就接受了家長的觀點。價值觀不正確，是因為很多父母給予孩子太多壓力，只看孩子的學習結果，卻不注重孩子的學習過程，反覆述說「你以為你讀書是為誰讀？還不是為你自己」諸如此類的話，反而讓孩子覺得不是為自己讀書，而是為父母的期待和願望而讀書。

(3) 孩子注意力不集中，自我管理能力差。有些孩子想要學習，但是總是聽不進去，三分鐘就走神，注意力無法集中，控制不住開小差，其實自己也很痛苦。這是因為孩子在小的時候就沒有養成良好的習慣，凡事三分鐘熱度，不能堅持下來。放到學習上，很難保持長時間的注意力集中，此時父母要強調的不是讓孩子讀書，而是怎麼樣加強孩子的自制能力。

(4) 受周圍環境的影響。古有孟母三遷，可見環境對一個人心智的培養、學習的影響有多大。如果孩子身處的班級，原本學習氛圍就不濃，而周圍的孩子更是貪玩，意志力不堅定的孩子很容易受影響，久而久之就變得不愛學習。孩子所在的家庭，父母不願意學習新鮮事物或不願在閒暇時看看書報，孩子也很難靜下心來潛心學習。

(5) 學習方法不對。好的學習方法和習慣，比反覆做題來得更為重要。正確的學習方法，不僅能提高孩子的學習效率，還能更好地開發孩子的智力。養成了良好的學習習慣之後，再掌握正確的學習方法，必定事半功倍。

和諧密碼

家長：瞭解孩子、鼓勵孩子快樂學習

(1) 家長要瞭解孩子的想法，重新幫孩子樹立新的觀念。要讓孩子知道，讀書、學習不僅可以增長他的知識，還能讓他認識更多同齡朋友，甚至志同道合的友人。在這個過程中，他能提高自身的人際交往能力，獲得與人相處時相互分享、相互依靠的快樂。要讓孩子明白，學習不只為成績、學歷，也不是為了父母的期望和理想，而是他自身能在這個過程中獲得有利於他一生成長的價值和利益。

(2) 家長要給予孩子關心，而不是給予孩子成績關心。理解孩子學習時所面對的壓力和煩惱，及時關注孩子日常生活中的變化和成長，不只是把目光落在孩子的成績上，更別在關心孩子時說出「媽媽希望你下次能取得更好的成績，但是別太拚命」等矛盾的話語。這樣的話好似顯得你既關心了孩子的身體健康，也關心了孩子的學習，而孩子只會想「這次已經很努力了，下次不拚命努力怎麼進步？」

(3) 家長要懂得用正確的方法鼓勵孩子學習。鼓勵孩子學習，要把握正確的時間，更要掌握正確的方式。每時每刻都對孩子進行言語上的激勵，只會讓孩子認為你很囉唆，反而容易讓他產生厭學情緒。比如，每次回家總是先看電視後做作業的孩子，這次回家卻主動先做作業，父母應該對孩子的這種行為表現進行鼓勵強化。當孩子透過自己的努力取得了進步，不管成績是否排名靠前，都可以透過適當的物質獎勵來鼓勵孩子。正確的鼓勵方式，讓孩子學習起來更有動力，也更加自信。

(4) 和孩子一起制訂學習計劃，並嚴格執行。正確可行的學習計劃，不僅有利於培養孩子良好的學習習慣，也能在嚴格執行的過程中，訓練孩子的注意力，增強孩子的自控能力，彌補孩子的性格缺陷，讓孩子不僅可以獲得學習上的進步，也能夠獲得自身的發展。

(5) 興趣是學習最好的導師。家長不應該把成績和分數放在第一位，要努力發現孩子的興趣特長，並讓它們成為孩子的優點。即便家長不能發現孩子其他方面的特長興趣，也不應該強迫孩子去學習，而是要去開發孩子學習的興趣。如果發現孩子喜歡語文，那麼就用學好語文的方式去培養孩子學習其他科目的興趣；如果發現孩子喜歡運動，那麼就在運動中去學習物理、化學……沒有教不好的孩子，只有不會教的父母。

(6) 家長要相信行行出狀元，別輕易扼殺掉孩子的藝術天分。課堂學習是學，課堂外的自主愛好學習也是學；老師安排的家庭作業是作業，孩子自己的寫寫畫畫、發明創造也是作業。不應該把二者分出個孰輕孰重，應該全面地培養孩子的學習能力，才能有助於孩子的學習。

小叮嚀

小小故事會：

如今的韓寒，其經歷可謂是傳奇的。初中各科成績不好，高一甚至讀了兩年，最後還因為七門課程亮紅燈而不得不退學。但是就是這樣一個學習成績無論在老師還是家長眼裡都不滿意的學生，卻在1999年的時候憑藉《杯中窺人》一文獲得了首屆「新概念作文」大賽的一等獎而一舉成名。他的首

部小說《三重門》也可謂是其傳奇人生的一個里程碑，不僅銷售量奇高，還被翻拍成了電視劇。此後，韓寒不斷地出版小說、文集等，銷量一直都在全國圖書排行榜文學類位居前列。這樣一個連高中都沒畢業的奇才，憑藉對寫作的滿腔熱血，硬是用稿費養活了自己。

此外，韓寒還酷愛賽車，是中國著名的職業賽車手。一文一武、一靜一動兩項興趣都成了韓寒生命中不可或缺的元素，也是他的成就和驕傲。寫得出好書的韓寒，開得了賽車的韓寒，如今還是能編能寫的雜誌編輯，還是能寫能導的電影導演，而他可愛的女兒，也體現著他事業與生活的雙豐收。

很多家長可能會覺得可笑，韓寒只有一個，我家孩子又不可能是韓寒。這個觀點是非常值得肯定的，就像「東方斯諾克之星」丁俊暉也只有一個一樣。相信你孩子也是不可替代的！

（六）好習慣要從小養成

家有煩心事

李晨（化名）是家裡的獨生子，家境殷實，父母對他百般疼愛。從小到大，父母對他是有求必應。廣告上宣傳的東西，李晨只要想要，第二天馬上買。即便這樣，李晨只要有一點不如意就大發脾氣，這時一家人便「爺爺慣奶奶哄，爸爸媽媽百般寵」。

李晨五歲以後開始向父母要錢，要多少父母給多少。後來李晨發現父母對自己花錢不會管教，就直接從父母的包裡拿錢，父母仍然不聞不問，認為兒子拿父母的錢，天經地義。

上小學後，李晨在學校對那些不聽他話的同學，輕則吼罵，重則動手「教訓」，當上了名副其實的「小霸王」。每天指使同學幫他做事，收低年級同學的「保護費」。一次李晨把一名學生打得住進醫院，父母才知道他在學校的行為。父母趕緊出錢慰問受傷的同學，連連說道：「孩子還小，不懂事！」

在父母一次次的縱容下，李晨打架鬥毆、搶劫偷盜行為越發嚴重。終於有一天，一副冰冷的手銬將李晨帶進了監獄……

心理透視

為什麼要培養孩子的好習慣？

(1) 孩子年幼，並不能辨別自己的哪些行為是好的，哪些行為是不良的。家長應對孩子的正確行為加以強化，這樣有利於孩子養成良好的習慣。而這種良好習慣的養成，會讓孩子受益一生。

(2) 良好的習慣是孩子的個人魅力和修養，是對孩子進行素質教育不可或缺的基礎部分。基礎打得牢，未來的教育才能進行得好。

(3) 中國著名教育家陳鶴琴終生研究習慣教育，認為人類的行為十之八九是習慣。但是習慣不是一樣的，有好有壞。習慣養得好，終身受其福；習慣養得不好，則終身受其害。

不良的生活習慣會帶來哪些危害？

在孩子小的時候，父母常常對孩子翻白眼、吐口水等不良行為不以為意，長大後這些行為習慣都會影響到孩子的日常生活。一個平時不注重個人細節或衛生的人，很難在工作上得到領導的信任與器重；一個從小說話就尖酸刻薄的人，長大後也很難交到真心朋友。所有的不良行為不僅會影響到孩子成人後的日常生活，甚至會影響到他們的身心健康，更有甚者會由不良行為演變成為犯罪行為，走上不歸之路。

養成孩子良好習慣的責任在誰？

孩子習慣的培養，父母應擔責任。父母作為孩子的第一任老師，家庭作為孩子的第一課堂，在培養孩子的各種良好習慣方面責無旁貸。特別是當孩子在3歲前——培養習慣的基礎期，年幼的孩子經常能接觸到的只能是自己的父母，也只能從父母那裡學習、培養、建立良好的習慣。

孩子習慣的培養，老師更多的是義務。幼兒園是孩子養成良好習慣的樂園。在這裡有老師的正確教導，有同齡孩子的共同學習督導，孩子在幼兒園的三年，更容易養成陪伴其一生的好習慣。老師雖然對孩子習慣的培養也有

責任，但更多的是義務。在家庭裡學到的好習慣可以在幼兒園裡得到強化，而在幼兒園裡學習到的新習慣，也可以被家長更好地接納。

和諧密碼

怎樣正確培養孩子的良好習慣？

(1) 家長要樹立榜樣，用行動教導孩子養成良好的習慣。孩子年幼，可能比較難以理解父母的言語，但是他們的眼睛已經足以觀摩父母是怎麼做的，也會主動地去模仿家長的做法。言傳身教對於年幼的孩子而言最能幫助其建立良好的習慣。

(2) 循序漸進，明確而嚴格地去要求孩子培養好的習慣。好習慣不是一天就能養成的，壞習慣也不是一天就能戒掉的，要一步一步、認真地去落實孩子應該怎麼做，如睡前刷牙、便後洗手等。對孩子一定要嚴格要求，不允許講條件以及例外發生。

(3) 鼓勵孩子，讓孩子自主地去形成好習慣。當你發現孩子能自覺地形成一些好習慣時，應該給予他言語上或動作上的鼓勵，如親吻、擁抱等，讓孩子意識到自己正在做正確的事情，並且反覆做會從中獲得更多的快樂。

(4) 透過遊戲的方式，培養孩子某些良好的行為方式。遊戲不僅使孩子們的天性得到解放，從中獲取快樂，並且在興奮狀態下，孩子更容易獲得良好的行為習慣培養。

(5) 及時發現孩子的不良習慣並加以改正，把不良行為扼殺在搖籃裡。孩子在成長過程中，總會不時地表現出一些不好的行為習慣，他們並不會意識到這有什麼問題。父母一定要善於觀察，及時發現、及時糾正。

(6) 家長要和孩子一同努力。用正面的語言寫下良好的行為目標，比如「下課回家做的第一件事情是先完成作業」而不是「下課回家後不能看電視」。制訂好良好的行為目標後，再寫出嘉獎或懲罰方式，對孩子的良好目標行為進行強化。當孩子出現良好的行為目標後，要及時強化，培養孩子良好的行為習慣。

(7) 家長要配合老師一起行動。有些行為習慣可能家長覺得無所謂，而學校卻要求予以糾正，這個時候家長要配合學校老師，改正孩子的不良行為。在糾正和消除孩子的不良行為上，家長和老師要多溝通，達成共識，不至於讓孩子對行為產生困惑感。

(8) 堅持就是勝利。有人說養成良好的習慣需要 21 天，而破壞掉這個習慣只需要 3 天。其實我們為了養成良好的習慣，付出的努力可能遠遠不止 21 天，而打破這個習慣，有可能只需要一天。「打江山容易，守江山難」，良好的習慣養成後，要保持下去，讓它成為生活中不可或缺的部分，才算是養成了真正的好習慣。

小叮嚀

小小故事會：

曾經有位學者非常受人尊敬。在一次聚會上，有人問他：「你在哪所大學、哪所實驗室裡學到了你認為最重要的東西呢？」出人意料的是，這位白髮蒼蒼的學者回答說：「是在幼兒園。」那個人又問：「在幼兒園裡學到了什麼呢？」學者答：「在那裡，我學到了讓自己終身受益的東西：把自己的東西分一半給小朋友們；不是自己的東西不要拿；東西要放整齊，飯前要洗手，午飯後要休息；做了錯事要表達歉意；學習要多思考，要仔細觀察大自然。從根本上說，我學到的全部東西就是這些。」這位學者的回答，代表了與會科學家的普遍看法。

把科學家們的普遍看法概括起來，就是他們認為終生所學到的最主要的東西，是幼兒園老師給他們培養的良好習慣。英國唯物主義哲學家、現代實驗科學的始祖、科學歸納法的奠基人培根，一生成就斐然，他在談到習慣時卻深有感觸地說：「習慣真是一種頑強而巨大的力量，它可以主宰人的一生，因此，人從幼年起就應該透過教育培養一種良好的習慣。」中國著名作家、學者巴金也直言：「孩子的成功教育是從好習慣培養開始的。」

每個人要去做好一件事並不難，而難得的是反反覆覆每次都能把同一件事做好。從小就把做每一件正確的事變成習慣，長大後你就會發現，這些習慣會決定你的性格，而性格能決定你的命運！

（七）孩子的情商管理重於智商提高

家有煩心事

轉眼馬小俊（化名）就上二年級了，一年級的歡快時光不僅讓他很快地適應了校園學習生活，也讓他變成班上的「任性小霸王」。往好的說，就是馬小俊積極活潑，凡事勇爭第一，不達目的決不罷休；往壞了說，就是馬小俊爭強好勝的性子裡還帶著輸不起的性格。班上的同學總愛到班導師那裡打馬小俊的小報告，老師也很是頭疼。班上的每一位學生都是家裡的掌中寶、心頭愛，無奈之下老師只得到馬小俊的家裡和家長溝通溝通。

「今天來家訪主要是想就馬小俊的問題和你們家長交流交流。」班導師和氣地說道，「小俊是個挺聰明的孩子，上課回答問題都很積極，性格裡帶著一股霸氣，可似乎老和孩子們相處不好⋯⋯」班導師的話還沒說完，小俊的家長就搶話說：「我家兒子就隨我這股霸氣勁，將來肯定是做大事的人喲！」「是是是。」班導師賠笑道，「小俊是挺霸氣的，就是凡事有點爭強好勝，樣樣事情都想得第一，哪位同學某方面比他強一點，他就開始賭氣，亂發脾氣還在言語上攻擊別人，常常愛說班上的其他同學是傻瓜、笨蛋。」「孩子間開開玩笑說的話，老師你怎麼能當真呢？」馬小俊的家長又隨口道。「可是，馬小俊同學常常愛命令別的同學做事，有不隨他意的人，他就開始發脾氣、扔東西，班上好多孩子都來我這兒⋯⋯」班導師的話又被小俊的家長打斷了。「老師，這孩子就是有領導氣質，喜歡安排別人做事，其實就是性格上強一點，肯定不會隨便欺負同學的，您要是安排他在班上當個班長、隊長什麼的，他又那麼聰明，肯定為你省心不少呢！」

班導師錯愕了，一時語塞到說不出話來。他沒想到連小俊的父母都沒有意識到孩子的問題所在⋯⋯

心理透視

什麼是情商？

情商，又稱情緒智慧，是多年來心理學家們提出的與智商相對應的概念，主要是指人在情緒、情感、意志、耐受挫折等方面的品質。

美國哈佛大學的教授丹尼爾·戈爾曼接受了沙洛維的觀點，認為人的情緒智慧包括以下五個方面：

(1) 瞭解自我。監視情緒時時刻刻的變化，能夠察覺某種情緒的出現，觀察和審視自己的內心世界。它是情感智商的核心，只有認識自己，才能成為自己生活的主宰。

(2) 自我管理。調控自己的情緒，使之適時適度地表現出來，即能調控自己。

(3) 自我激勵。能夠依據活動的某種目標，調動、指揮情緒，使自己走出生命中的低谷，重新出發。

(4) 識別他人的情緒。能夠透過細微的社會信號、敏感地感受到他人的需求與慾望，是認知他人的情緒，與他人正常交往，實現順利溝通的基礎。

(5) 處理人際關係。調控自己與他人的情緒反應的技巧。

為什麼說情商比智商更重要？

智商，是智力商數的簡稱，是透過一系列標準測試測量人在其年齡段的智力發展水平。智商受先天的因素影響較多，後天通常難以改變。但人與人之間的情商並無明顯的先天差別，更多與後天的培養息息相關。

在應試教育的壓力下，家長總是不惜花費大量時間、精力、金錢對孩子進行教育投資，卻經常達不到預期效果，反而導致孩子厭學、學習獨立性差、任性自私等。近幾年，學生因學業壓力、與父母溝通問題而選擇離家出走、自殺的現象頻頻充斥著媒體。

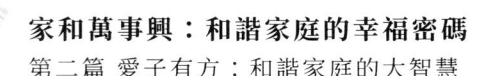

心理專家說，孩子學會做人比學會做學問更重要。然而，很多家長都只注重對孩子智力的培養，而忽略了對其情商的訓練，結果導致情商低的孩子越來越多。最新的研究顯示，一個人的成功，只有20%歸諸智商的高低，80%則取決於情商。丹尼爾戈爾曼表示：「情商是決定人生成功與否的關鍵。」由此可見，情商對人的成長在某種程度上比智商更為重要。

和諧密碼

情商是可以透過全面系統的課程培養提高並且改變的。而情商培養的最佳時期就是中、小學時期，最主要的還是依賴於家長的培養。

家長要幫助孩子識別自己的情緒

要幫助孩子識別自己的情緒，家長首先要「肯定」孩子的情緒。家長要把孩子的情緒和事情本身分開來看，要注意到孩子的情緒，並且接受擁有這樣情緒的孩子。然後透過語言去詢問孩子、幫助孩子識別自己內心的情緒是悲傷、恐懼、委屈，還是害怕，等等。孩子只有認識到自己情緒的存在，才能對自己的情緒做出進一步的管理。

家長要幫助孩子管理自己的情緒

要幫助孩子管理自己的情緒，首先要讓孩子接受自己的情緒。孩子不因自己所有的負面情緒而產生困擾，這是他們能正確管理好自己情緒的第一步。比如，孩子不因自己的害怕情緒而感到羞恥，不因自己的悲憤情緒而感到內疚，那麼他們已經對自己的情緒有了很好的認識和接受。

家長幫助孩子管理自己的情緒，就要讓孩子用語言說出自己內心的感受。當孩子難以正確描述自己的感受時，家長應該用語言進行引導，幫助孩子描述他們的情緒。孩子越能精確地表述他們的感受，就越能掌握處理情緒的能力。當孩子有足夠的情緒表達能力後，家長會發現孩子的面部表情、身體語言、說話速度、音調、音量及語氣等都會有舒緩的跡象。

家長要幫助孩子形成健康自信的品質

自信是情商能力的基石，樂觀是情商培養的地基。

身為父母，要無條件地相信自己的孩子，讓孩子做力所能及的事情，並從小事的成功中培養孩子的自信。同時，父母應給予孩子讚美和鼓勵，多發現孩子的長處和優點，對其進行肯定和發揚。此外，沒有完美的父母，也不可能有完美的孩子，要接納孩子的不足，不對孩子抱有不切實際的希望來挫傷孩子的銳氣。

家長要培養孩子通情達理的能力

現在的孩子以獨生子女居多，大多數都表現出一種以自我為中心的態度。他們更多的是對自己的關注，而對周圍的同學、朋友缺乏一種同理心。具有同理心的孩子有能力從細微的訊息中去察覺他人的需要，設身處地為別人著想。家長要培養孩子的觀察力和洞察力，培養孩子的寬容心和包容心，讓孩子在通情達理地理解他人的同時也得到他人的理解。

家長要協助孩子與人和諧相處

首先，家長要為孩子創造與他人相處的環境，要給予孩子與夥伴相處的機會。其次，家長要培養孩子的表達能力和傾聽能力，因為只有懂得傾聽的人才能更好地與人相處。再次，家長要讓孩子懂得分享，而這種分享不僅指物質上的東西，也包括精神層面的思想和感受。讓孩子盡可能地記住小朋友的名字，這是與人和諧相處中對人最基本的尊重。

小叮嚀

心理學小知識：父母錯誤處理孩子情緒的類型

交換型：用有吸引力的事物使孩子終止某些消極的情緒。

如見到孩子悲傷時，馬上去買孩子喜歡吃或玩的東西；只要孩子停止那種消極的情緒，什麼條件都答應；或者不管孩子的情緒如何，刻意壓制其情緒的發洩，甚至對他們說：「如果你想別人看得起你，最好把這些不好的情緒埋在心裡。」

懲罰型：用責備、恐嚇或打罵來終止孩子的消極情緒。

這類家長把注意力放在對孩子的情緒或發洩情緒的行為上，不去深究孩子產生情緒的原因，動輒以批評的態度對待孩子產生的情緒。就算有時主動瞭解原因，也只是為了做出反應：合理的原因會得到諒解，稍微不合理的原因就會受到責備，而非常不合理的原因則會受到嚴懲。

冷漠型：接受孩子的情緒表現，卻不做出積極的反應或加以引導。

這類家長不關心孩子的情緒變化，常常會讓孩子感到孤獨和無助。

說教型：不注意孩子產生情緒或行為的原因，只是反覆埋怨或囉囉唆唆地說教一番。

這類家長的行為極易引起孩子的反抗或厭惡心理。

以上四種處理方式，都對孩子情商的發展不利，必須加以克服。要想妥善處理孩子的情緒，提高孩子的情商，家長必須善於透過情感上的共鳴培養孩子察覺他人情緒的能力。

二、別錯用了愛的名義

說到愛孩子，相信每個父母都有資格說「沒有人比我更愛我的孩子」這句話。身為父母，疼愛自己的子女是種與生俱來的本能。但是，當這種本能的愛演變成「我這麼做都是為了你好！」「你還小哪懂這些，媽媽幫定你了！」「我那麼辛苦地賺錢養家，還不都是為了什麼東西都盡可能給你好的啊！」

多麼可怕的情感軟暴力！以「愛的宣言」傳播著傷害！在不經意間，父母成了孩子的施暴者，用愛的名義捆綁了孩子的成長。

讀完此篇，相信家長們會更多地明白：愛是尊重、陪伴、傾聽、無條件的。千萬別錯用了愛的名義！

二、別錯用了愛的名義

（一）好孩子真的「好」嗎？

家有煩心事

　　比起去年的「最難就業季」，今年似乎可以稱為「更難就業季」。大汗淋漓的晨曦拿著一疊簡歷穿梭在人才市場擁擠的人潮中。接連幾天投出去的簡歷都不在少數，可收到的回覆卻寥寥無幾。

　　晨曦看著自己的簡歷，確實沒什麼特色，成績平平、事跡平平。好不容易有機會去公司面試，但面對面試官的問題卻回答得支支吾吾，就連她自己也難以說出為什麼要去這個公司上班，更說不出自己可以給這個公司做什麼，總想著老闆安排她做什麼就做什麼。

　　為此，晨曦的家長也心急火燎，忙著給她安排，尋一條「出路」，可結果總不見好。幾次下來，晨曦也累了乏了。後來在輔導員的追問下才得知，原來晨曦從小就是在父母的「安排」下長大的。

　　晨曦從小就很聽話，頗得老師和家長的喜歡。老師要做的事，晨曦向來都是中規中矩地完成得很好，家長的意願更是從來不會違背。晨曦父母一直對女兒倍感欣慰，而晨曦也從來沒有覺得哪裡有什麼問題。談到讀大學，晨曦說道：「當時父母說文科出來不好找工作，所以讓我讀理科，我不偏科，也就無所謂了。大學的學校和專業都是父母替我選的，談不上喜歡，因為我也不知道自己到底喜歡什麼……」

　　晨曦也想不明白，難道自己做錯了什麼嗎？或許正是因為她什麼都沒有做錯，所以才錯過了許多事。

心理透視

孩子應不應該聽話？

　　身為家長，最常掛在嘴邊的話就是「這孩子就是不聽話」你「要做個聽話的乖孩子」，直接將聽話和好孩子掛上了鉤。但是越來越多的家長發現，孩子太聽話似乎又變得很沒有個性，不懂得思考，但「不聽話」的孩子又讓他們特別頭疼。

其實，關於孩子該不該聽話，家長只要反思一下自己身為孩子的時候是否凡事都聽父母的話就明白：能讓孩子聽話的時候太少，但是有些話卻必須讓孩子聽進去。

(1) 在孩子幼年時期，自控能力差的時候，要讓孩子養成正確的行為習慣。如養成做好個人衛生、做事有規矩、懂禮貌等生活中的良好習慣。

(2) 孩子依靠個人的直覺和經驗往往很難判斷對錯，如孩子小的時候可能對隨意翻拿父母的錢包並不以為意，撒個小謊也不以為然，但是這些錯誤的觀念如果不在兒時糾正，那麼將會影響他性格和人格的形成，進而影響他的一生。

身為父母，幫助孩子在行為上養成良好的習慣，在思想上樹立正確的觀念，其實就已經可以允許孩子在未來的成長道路上「不聽你的話了」。我們不一定要讓孩子有多聽話，有時候讓孩子懂事一點，遠比聽話一點來得更有意義。

聽話的孩子就一定好嗎？

不難發現，很多「好」孩子或者說是長大後成功了的名人，在他們的孩童時期並不都是聽話的孩子。其實太聽話的孩子更容易形成缺點。

(1) 太聽話的孩子，往往很少自己動腦思考，缺乏了孩子應有的想像力和創造力。而這樣的孩子長大後，在工作和生活中會很難適應環境的變化。他們往往採取固定的模式去生活和工作，而變化讓他們內心更為痛苦。

(2) 太聽話的孩子對父母的依賴性更強，失去了獨立自主的能力。孩子聽父母的話，實際上很容易對父母產生依賴性。家長安排好一切，孩子只用妥妥地去做。這樣的孩子長大後往往軟弱無力，更加容易受到周圍人的影響，成為小時候聽父母話，長大後聽他人話，活在別人世界裡的可憐人。

(3) 太聽話的孩子更可能為了不讓父母失望而壓抑自己內心的真實情感，久而久之，一旦爆發出來會變得比一般孩子更為叛逆。如同上面的案例所示，過於聽父母話的孩子，接受著來自父母無形的壓力。她們往往會為了不讓父

母失望而隱藏內心的真實情感，甚至為了做到聽話，不惜以撒謊等手段來滿足父母，這樣的孩子在青春期更容易叛逆。

(4) 太聽話的孩子，往往容易喪失自己的個性，變成父母的傀儡。每個人在成長過程中都會形成自己的個性，而那些過於聽父母話的孩子，在個性的形成中很容易成為父母的「複製品」，失去自己原本的個性。

和諧密碼

家長總是頭疼怎麼樣才能讓孩子聽自己的話，但在頭疼的時候也請身為父母的你們想一想，你們有聽過孩子的話嗎？

出招一：怎麼樣讓孩子聽話？

(1) 用孩子聽得懂的語言，而不是用自己的大道理。孩子是否聽話，取決於孩子聽進去了多少。很多家長講得頭頭是道，但是孩子太小，理解能力有限，根本沒辦法理解家長要表達的意思，又怎麼能做到聽家長的話呢？

(2) 讓孩子聽話時，態度要認真，說話要簡短有力。很多家長想讓孩子聽自己說話，結果自己的態度卻不端正認真，發布指令時重複囉唆，讓孩子覺得完全可以拖延，不必馬上完成。家長想讓孩子聽話時，要儘量使用陳述句堅定地告知孩子，而不是用問句詢問孩子可不可以做到，讓孩子覺得凡事有商量的餘地。

(3) 適當地給予警告和獎懲。當孩子不聽話的時候，父母可以給予警告（一次就夠，次數多了也不會有任何效果）；當孩子做對的時候，父母也要給予小小的獎勵，去強化他們做得對的地方。

(4) 言出必行。可以用堅定的語氣，但是不要生氣。很多孩子不聽話，是因為父母對孩子說出口的話卻沒有執行，讓孩子覺得沒有信服力。比如家長說好只允許買一個玩具，而當孩子哭鬧的時候就給買了兩個，這樣只能讓孩子誤認為哭鬧就是解決問題或者是可以不聽話的辦法。

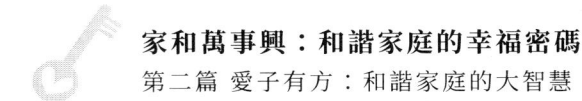

出招二：怎麼樣聽孩子的話？

(1) 瞭解孩子的真實想法和感受。只有從孩子的角度去理解體會孩子的感受，父母才能聽進孩子所說的話。

(2) 要有耐心。對越小的孩子越要有耐心，他們的語言組織能力和表達能力都不如我們大人，所以家長要耐心傾聽他們講話。如果有疑問，也一定不要打斷他們的話語，因為這樣很可能使孩子們忘記了他們剛才想好要表達的內容。一定要等孩子說完後，再提出心中的疑問。

(3) 放下身段，尊重孩子。很多家長覺得身為家長就是正確的象徵，孩子和自己想法不一樣就是錯的，往往拉不下面子去為自己做錯的地方向子女道歉。只有給予了孩子尊重，真誠對待孩子，聽懂孩子說的話，父母與孩子才能更好地平等對話，才能學會如何更好地讓孩子聽自己的話。

小叮嚀

《三字經》節選和解讀

人之初，性本善。性相近，習相遠。

苟不教，性乃遷。教之道，貴以專。

昔孟母，擇鄰處。子不學，斷機杼。

竇燕山，有義方。教五子，名俱揚。

養不教，父之過。教不嚴，師之惰。

子不學，非所宜。幼不學，老何為？

玉不琢，不成器。人不學，不知義。

為人子，方少時。親師友，習禮儀。

香九齡，能溫席。孝於親，所當執。

融四歲，能讓梨。弟於長，宜先知。

首孝悌，次見聞。知某數，識某文。

釋義：強調教育和學習對兒童成長的重要性，後天教育及時、方法正確，可以使兒童成為有用之才。同時強調兒童要懂禮儀，要孝敬父母、尊敬兄長，還要能文會算，這是做一個德才兼備之人的起點。

犬守夜，雞司晨。苟不學，曷為人。

蠶吐絲，蜂釀蜜。人不學，不如物。

幼而學，壯而行。上致君，下澤民。

揚名聲，顯父母。光於前，裕於後。

人遺子，金滿籯。我教子，唯一經。

勤有功，戲無益。戒之哉，宜勉力。

釋義：強調學習要勤奮刻苦、孜孜不倦，只有從小打下良好的學習基礎，長大後才能有所作為。

（二）孩子的搗蛋可能另有隱情

家有煩心事

小杰今年已經 16 歲了，但是調皮搗蛋的心氣卻沒有絲毫收斂。小時候他頑皮，父母還能動手打罵。如今孩子個子比父母還高出半個頭，打不動孩子的父母給小杰講道理小杰也不聽，說難聽的話小杰也表現出不以為意的態度，繼續著他的「破壞」。

頭疼的父母束手無策，多次強制性地把小杰帶到醫院檢查，但是醫生都告訴他們孩子並沒有問題。最後，醫生建議他們帶孩子到心理諮詢室去看看。

小杰小時候活潑好動，顯得聰明可愛，只是相比同齡人精力更為旺盛。在小杰小時候，父母工作忙，都是小杰外婆在帶他。他總是對什麼都充滿好奇，喜歡「搞破壞」。外婆害怕小杰受傷，經常會阻止他。上了小學後的小杰更加頑皮，在課堂上搗蛋，逃課，不完成作業，還把家裡弄得一團糟。每次工作回來疲憊不堪的父母都會對小杰「教訓」一番，但是小杰並沒有知錯就改，反而是更加叛逆。

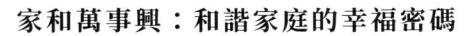

後來小杰上了中學，卻並沒有因為年齡的增長變得懂事。而那些小破壞也開始升級，如和同學打架、抽菸喝酒、頂撞老師、摔門離家出走等。母親淚眼婆娑地教育他，父親威嚴地責罵他，小杰卻絲毫意識不到自己行為的錯誤，反而覺得自己的所作所為獲得了父母和老師的關心和關注。

小杰所有的表現都在抗拒著周圍的環境，都在尋求一種關注度和內心的安全感。他所有搗蛋的行為，都是在用力對父母、老師說著強烈的「不」。

心理透視

孩子為什麼會對你說「不」？

在良好的家庭環境下長大的孩子，擁有高自尊，他們通常會透過正確的言語和行動向家長、老師或同學表達自己內心的需求以及不滿。但是缺少父母關注的孩子，通常會採取一些「調皮搗蛋」的方式，來尋求外界的關注。特別是當他們的這些行為足以引起別人的注意時，這些行為就會被強化，並且反覆出現。

孩子說「不」的方式有很多種，只有認真地對待孩子對你說「不」這件事，才能及時地發現孩子表達內心需求的錯誤方式並予以糾正。

(1) 當孩子需要你的關心和關注的時候，會用行為表達出內心「不想被遺棄」的感覺。工作的繁忙，讓父母陪伴孩子的時間減少了。父母每天應抽出工作之餘的時間陪伴自己的孩子。但大部分家庭選擇在這段時間各做各的事。孩子在成長中希望能得到外界的矚目，更希望得到父母的關心和疼愛，因為安全感和愛的需求都是孩子成長的基本生理需要。當他們平淡的表現不足以引起父母的重視時，孩子就會調皮搗蛋。在做出這些行為後，哪怕父母所表現出來的是責罵，也讓他有一種被需要感，而錯誤行為就被不斷強化。

(2) 孩子好奇的天性，活潑好動的年齡特點，向外界宣示著「不要否定拒絕我」。小孩子活潑好動是聰明的表現，他們調皮搗蛋有時候是天性使然，只要不是過分或具有攻擊性、傷害性，都不應予以阻止。否則，反而會引起孩子的逆反心理「越不要我做，我越要這樣做」。最後，伶俐的孩子也變成了頑皮的小孩。

(3) 受到周圍環境的影響。孩子某些不良的搗蛋行為並非天生，而是來自後天學習。他們的學習對象可能是父母，可能是同學，還可能是來自網路、電視媒體等。這些後天學來的頑皮行為，通常都是具有傷害性或者攻擊性的，獵奇心理讓他們不知不覺就受影響，變成了頑皮的孩子。

和諧密碼

如何應對孩子說「不」的表現

孩子透過調皮搗蛋表達內心的需求和不滿，每個家長都應該先判斷這些行為背後所隱藏的原因是什麼。是父母對孩子平時的關愛不夠多，還是孩子家長平時對孩子要求太高阻礙了孩子的自我發展，或者說是周圍環境的影響導致孩子學習了一些不良的行為表現？只有真正看到孩子調皮搗蛋行為背後的「隱情」，才能有效地去改變孩子的調皮搗蛋行為。

(1) 與孩子溝通交流，瞭解孩子為什麼要這樣做。讓他說出對自己所做事情的感受，是滿足還是害怕？是高興還是憤怒？多問問孩子覺得這樣做有什麼意義或收穫。而家長在這個時候要向孩子表明自己的感受，比如家長可以說：「我看到你這樣做既生氣又擔心你受傷，但是聽你說完內心的想法後，我覺得我能理解你為什麼這樣做了。」讓孩子感受到即便他不這樣做，他也同樣可以獲得相同的內心感受和收穫。

(2) 孩子調皮搗蛋是精力旺盛的表現，家長要找到孩子的興奮點和興趣點，轉移孩子的注意力。

(3) 培養孩子的規則意識。有些事我們不能做，這是原則和規矩。發現孩子調皮搗蛋，別急於責罵孩子，因為這樣只會給孩子留下陰影和創傷，正確引導孩子該怎麼做才是關鍵。

(4) 對孩子的行為進行寬恕，要看到孩子的優點。這樣做會使活潑頑皮的孩子更加聰明伶俐，更有主見，更容易與他人交流並融入社會。家長要有正確的意識：孩子頑皮並不都是壞事，在孩子已經搗蛋過的情況下，寬恕的效果好過盛怒。

(5) 對孩子所做的頑皮事件做記錄，要準確地記下時間、地點、經過和前後事由。從記錄中去發現哪些行為在孩子身上反覆發生，需要用其他辦法加以糾正；而哪些行為孩子已經改變，很長時間都沒有再出現，要對孩子進行表揚鼓勵。

(6) 家長要學習進步，樹立榜樣。家長要對孩子進行積極引導，要防止孩子不良的搗蛋行為，就必須要知道該怎麼做。如果連家長都不明白其中的道理，找不到正確的辦法，自然也不能對孩子樹立好的榜樣和發揮領導作用。必要時，家長可以向教育專家尋求幫助。

小叮嚀

小小故事會

張昭昱出生於一個鐵路職工家庭，小昭昱生性好動、聰明伶俐，很是活潑可愛。但這也成了問題所在。上課時，小昭昱總是坐不住，精力顯得不集中；回家做作業也是敷衍了事，常常出錯。不僅如此，小昭昱還十分調皮，不是將學校櫥窗的玻璃打壞，就是上課時躲在課桌下玩耍。為此，母親姜運瓊沒少被班導師叫到學校挨訓。

後來，夫婦倆為了讓小昭昱安靜下來，想了不少辦法——又是讓孩子學書法，又是送孩子去練太極拳，但是孩子卻對這些都心不在焉。也許是受到父母愛玩橋牌的影響，貪玩的張昭昱慢慢地將興趣轉移到打牌上來了。但他卻把打牌演變成了賭博遊戲，學校知道後告知了張昭昱的父母，他的父母在大怒的同時也特別擔憂孩子因為貪玩、賭博影響成長。

作為父親的張梁，不但沒有阻止孩子打牌，還當起了師父教導孩子怎麼打橋牌。奇怪的是，這個生性好動的小子，自從喜歡上橋牌後，居然安靜下來了，上課也能專心聽講了。張昭昱非但沒有因迷戀橋牌而耽誤功課，反而把學習成績提高了。後來，張昭昱參加中學生棋牌比賽，並獲得了比賽的第一名。

2008年8月9日上午，張昭昱收到了北大的錄取通知書——他作為特長生，被北京大學地球與空間科學院地質學基地班錄取了！

昔日貪玩的張昭昱竟然受到北大青睞，鄰居紛紛向張梁夫妻取經。張梁卻說：「我家孩子論天性、論天分都說不上優秀，可有句老話講，『沒有教育不好的孩子，只有不會教育的父母』。每個孩子都會在某一方面有潛力，關鍵是怎麼發現孩子的潛能和特長。我們不過是發現並開啟了孩子的潛能而已。」

（三）黃金棍下出不了「好人」

家有煩心事

2010 年 6 月，西安發生了一起家庭慘案，年僅 9 歲的孩子被自己的父親活活打死……

劉世奎因對兒子的學習不滿意，經常對兒子拳打腳踢。2010 年 6 月的一天，從學校將飛飛帶到辦公室後，他再次用皮帶及凳子腿打兒子。當晚 11 時，飛飛喊肚子疼，劉世奎看到兒子面色蒼白，連忙將兒子送往醫院，可是飛飛年幼的生命還是沒能挽留住。看到孩子全身多處瘀斑，屬非正常死亡，醫護人員當即報警。劉世奎隨即被警方帶走，並承認兒子身上的傷是他打的。

劉世奎對所犯罪行追悔莫及，一再稱「打兒子是太愛他」。而他對兒子所有的愛與悔恨，已經無法彌補他對兒子所犯下的罪。

而時隔一週，西安另外一對父母因為懷疑 8 歲的孩子偷錢，輪流毆打女兒長達兩個小時，最終致其死亡……

張建雲、毋小平夫婦對女兒甜甜的管教從來不靠語言溝通，但凡不對就是打！不好的時候甚至一天打兩三回。一天，他們懷疑女兒甜甜偷拿家裡的錢，甜甜始終否認。張建雲用電線繩、擀麵杖等物，毋小平用皮帶，先後對甜甜進行毆打，時間長達兩小時左右。後來毋小平感覺女兒甜甜不對勁，將女兒送往醫院，但甜甜最終因搶救無效死亡。

心理透視

什麼時候家長最不應該打罵孩子？

其實，家長打罵孩子大多都是愛在心底深處，「恨鐵不成鋼」。那麼，具體在哪些不該打罵孩子的情況下，家長卻打罵了孩子呢？

(1) 孩子學習成績不好，當眾打罵孩子。孩子考試沒考好，心裡原本就已經很難過了，而家長的責罵會讓其覺得不被理解。甚至某些父母當著外人的面，特別是在孩子熟悉的朋友或親戚面前打罵，這是很傷孩子自尊的。

(2) 在沒弄清楚事情真相之前就對孩子進行打罵。特別是當自己的小孩在外同別人發生爭執、推搡時，很多父母只聽信了別人的一面之詞，就對自己的孩子進行打罵，讓孩子的委屈無處述說。

(3) 家長自己都有做得不對的時候。犯錯乃人之常情，有些時候家長自己都做得不好，還要責打孩子，只能顯得自己無能。

(4) 家長心情不好或酗酒後，對孩子進行打罵。很多父母心情不好時，孩子即便只是不小心打碎了一個碗，也會遭到嚴厲責罵。此外，家長醉酒後虐打孩子的情況也不在少數。

打孩子對孩子的成長有什麼影響？

(1) 經常被打罵的孩子，容易自卑。他們對自己缺乏自信，覺得自己軟弱無力，時常會貶低自己。他們的安全感很弱，對未知的東西充滿了恐懼，而不是好奇，時常感受到的是來自社會的惡意。為了保護自己，他們常常把自己封閉起來，久而久之就變得更加自卑和自閉。

(2) 時常受到父母打罵的孩子，對人對事更加冷漠。他們對外面的世界漠不關心，對社會上發生的事情麻木不仁，他們所表現出來的更多的是低愛心和低同情心。

(3) 受父母打罵過多的孩子，性格更容易扭曲，也更具暴力傾向。通常在家裡遭受父母打罵的孩子，在外面也更容易欺負其他比自己弱小的孩子。有的是小時候就表現出來了，有的要長大成家後才表現出來。當然，也有的勇氣不足以與人抗衡，最後演變為虐殺小動物。

(4) 在打罵中長大的孩子，長大後更難與人相處。他們不知道怎麼樣表達自己的愛意和關心，不懂得怎樣和別人友好相處。因為在家庭裡他就沒有學會怎麼和父母和諧相處，走進社會也就不知道如何是好了。

(5) 從小受打罵的孩子，長大後犯罪的機率更高。他們更容易自暴自棄，產生被拋棄感，並把對父母的仇恨心理轉向社會，形成反社會型人格，他們更容易用犯罪行為來宣洩內心壓抑多年的情緒。

和諧密碼

孩子該不該打？

雖然現在每本書都在教導家長不要「棍棒教育」，但是真正做到不打孩子的家長可謂是少之又少。那麼既然做不到不打孩子，就來瞭解一下，什麼情況下允許透過「適當的責打」給予孩子懲罰。

(1) 當孩子在做危險的事情，而又屢不聽勸的時候。孩子年齡小，很難懂得為什麼玩火、翻窗臺、撥弄插頭是危險的。當孩子屢教不改時，只有讓孩子知道這樣做會挨打受痛，他才能改正這些不良行為。

(2) 可以預見到孩子的某些行為習慣長大後容易引起犯罪時。比如隨便拿走別人的東西、偷錢、欺負弱小等行為，很容易在他長大後演變成違法犯罪行為，這時可以給予孩子適度「教訓」。

(3) 在已告知孩子某些規則，孩子不但不遵守，還故意破壞規則，拒絕認錯時，可以打孩子。

除了以上情況，對孩子的打罵還是適可而止為好。如果家長分不清楚何時該進行「棍棒教育」，就請記住，在有關做人的原則性問題上，孩子屢教不改或每次都拒絕認錯的時候，可以給予一定的責打。此外，還要記住 3 歲以下的孩子不能打，12 歲以上的孩子打了也沒用，更不能在暴怒之下責打孩子。

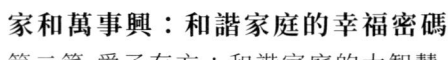

想要打罵孩子時，家長可以做些什麼？

(1) 家長在盛怒的時候，不能打罵孩子，應選擇離開現場或者是轉移注意力去做其他事情，讓自己冷靜下來，再來思考解決孩子教育問題的方法。

(2) 家長要從檢討自身出發，是否是自己的原因造成孩子的過錯，自己是否也會犯同樣的錯誤，如果是家長做得不對，孩子自然做得不好。

(3) 調整自己的期望值。家長會打罵孩子，主要是孩子的行為或言語讓他們感到傷心失望。但打罵孩子非但不能宣洩自己的傷心失望，反而會創傷孩子的內心。

(4) 讓孩子體驗其錯誤行為的後果，並且讓孩子準確表達出自己的內心感受，再讓他們想像如果又犯同樣的錯誤會有什麼後果。

(5) 讓孩子為自己的過錯承擔責任。問題發生後需要解決，但棍棒不能解決問題，就讓孩子自己去解決自己所犯的錯，並在每次的犯錯中成長。

(6) 告知孩子每個人都會犯錯，也要告訴孩子此時對他行為的理解。但是對於犯錯這個事實要明確強烈地表明自己的態度和立場，別讓孩子誤以為他雖然犯錯了，卻仍然可以得到你的支持。

小叮嚀

知識小課堂

家庭暴力簡稱家暴，是指發生在家庭成員之間的，以捆綁、毆打、禁閉、殘害或者其他手段對家庭成員從精神、身體、性等方面進行傷害和摧殘的行為。家庭暴力直接作用於受害者的身體，使受害者在身體上或精神上感到痛苦，損害其身體健康和人格尊嚴。家庭暴力發生於有婚姻、血緣、收養關係且生活在一起的家庭成員間，如父母對子女、丈夫對妻子、成年子女對父母等。婦女和兒童是家庭暴力的主要受害者，有些中老年人、男性和殘疾人也會成為家庭暴力的受害者。家庭暴力會造成死亡、重傷、輕傷、身體疼痛或精神痛苦。

反對家庭暴力，需要全社會的參與。但是受中國傳統觀念的影響，可能有人會認為家庭暴力是家裡的事情，是一種隱私，不可外揚。當前，中國社會的百姓們對家庭暴力現象存在著幾大誤區。

誤區一：認為沒有家庭暴力現象，即使存在，也是極少數。

誤區二：認為家庭暴力是私事。

誤區三：認為家庭暴力就只是傷害身體，不包括精神暴力、經濟暴力和性暴力。

誤區四：認為文化素質高的家庭沒有家庭暴力。

（四）父母，別把壓力轉嫁給孩子

家有煩心事

「二模」的成績下來了，李雪梅拿著成績單心裡很是發慌，還有一百天就高考了，可模擬考的成績只見下降不見上升。回到家的李雪梅默默不語地坐在書桌前發呆……

看到成績單的父母心裡也很是著急。「怎麼成績又下……」爸爸欲言又止，「沒事，還有三個月呢，放輕鬆。」媽媽見雪梅呆呆的樣子，小心翼翼地說道：「累了吧，媽給你做了牛奶燉核桃，補補腦，休息休息。」

壓抑的雪梅再也控制不住了。

「爸媽，我求你們了，你們別這樣好嗎？自從上高三以來，你們怕影響我學習，從來沒在家看過電視，說話也不敢大聲。我每天要上課，你們白天也要工作，卻起得比我早，睡得比我晚！你們半夜常常偷偷來我房間看我睡得是否安穩，你們以為我都不知道麼？平常你們省吃儉用捨不得買吃的穿的，卻給我買一堆昂貴的零食，你們就不心疼麼？你們兩個鬧矛盾生氣卻不敢吵架，我都明白，可你們不累嗎？你們說不想給我壓力，卻給了我無限的壓力！」

雪梅一邊說一邊把父母推出了門外，關門大哭起來。

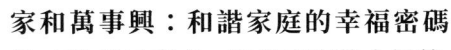

站在門口的父母面面相覷。「這都是怎麼了？我們既要承受工作上的壓力，還要忍受生活上的拮据，生怕她有什麼不順心的，凡事都給她創造最好的環境，怎麼結果卻是這樣？」

站在門口的父母，頂著比孩子還要大的壓力，懷著惴惴不安的心，卻始終想不通這個道理。

心理透視

人們習慣性地去關注釋放孩子的壓力，在某種程度上就忽視了父母們其實面對著更多更大的壓力。

那麼，父母的壓力都源於何處？

(1) 工作。據調查，80％的父母的壓力來自工作。上司交代的任務難以完成，同事之間關係相處不當，下屬辦事不力自己要承擔責任等，都是身為父母最大的壓力來源。每個人花在工作上的時間占了每天的１／３以上，更有甚者一半以上的時間都在工作。即便這樣，來自工作的壓力還是源源不斷，而大部分工作不順心的父母都會把不良情緒帶入生活、家庭，以致面臨更大的壓力。

(2) 生活。衣食住行、柴米油鹽醬醋茶就是生活壓力最大的來源。現在年輕一代的「80後」甚至「90後」父母，大多都面臨著房貸、車貸等巨大的經濟壓力。錢不是萬能的，但是沒有錢卻也是萬萬不能的。經濟上的負擔過重，成了當下上有老下有小的年輕一代父母們沉重的壓力，甚至連每天吃什麼、穿什麼等基本生活問題都要操心。只能在活著的限度上掙扎，又怎麼能有美好的生活呢？

(3) 家庭。家庭的壓力主要來自夫妻關係以及雙方原生家庭的關係。夫妻雙方接觸到的社會環境不同，自然有不同的想法和觀點。雙方常常會因為在父母、孩子、生活等問題上達不成共識而爭吵，而這種不利於夫妻關係和諧的因素使夫妻雙方各自承擔著不同的壓力。現在的年輕夫妻往往都是家中的獨生子女，絕大多數夫妻要共同面對四位老人。如何權衡兩個原生家庭的輕

重利益，滿足雙方父母所提的不同要求，以及解決在照顧孩子上和父輩的觀念分歧等，都讓現階段的爸爸媽媽感到壓力巨大。

(4) 孩子。從母親懷孕開始，父母就承擔著養育和教導孩子的壓力。他們擔心孩子的身體是否健康，孩子的學業是否順利，孩子的感情生活是否美滿，孩子的個人壓力是否過大等，父母在對孩子施加無形壓力的同時，也受到了來自孩子方面的壓力。雖然這方面的壓力可能不如工作和生活上的壓力大，但是仍需要更多的勇氣和責任去承擔。

和諧密碼

父母緩解情緒壓力的方式

生活中的我們，為人子女要孝順，為人父母要慈愛，身為下屬要受得了老闆的責罵，身為家庭的頂梁柱還要負擔得起經濟壓力。這個世界似乎充斥著滿滿的壓力，負能量也總是在不經意間襲來，卻從未有人告知我們這些家庭、工作、生活中源源不斷的壓力要如何應對。下面的幾條小小的建議希望可以對生活中的你有所幫助。

(1) 調整心態。在家庭中，我們既為人父母，同時還為人子女。因此，首先要對自己有正確的認識，每位家庭成員都是平等的，和諧家庭的建構需要父母與子女一同創造和維持。在社會上，要擺正自己的位置，不必過於苛責自己，要允許自己犯錯，同時也要允許別人犯錯。畢竟，良好的心態是生活中一切美好事物的開端。

(2) 改變自己的工作方式。生活似乎就是家庭和單位「兩點一線」，而且每天的工作內容都相差不遠。在強大的工作壓力下，改變自己的工作思維方式和做事方法是緩解工作煩躁的一個不錯方式。如果工作形式相似，那麼就調換平常的工作順序；如果工作內容相同，那麼就換一種完成形式，給工作注入一定的新鮮感。甚至在工作環境上也可以做出一些細小的調整，如擺放一些綠色植物或生活物件，會給小小的工作空間帶來不一樣的活力。

(3) 改變自己與孩子的溝通方式。所謂「養兒一百歲，常憂九十九」，說明父母生活中很大一部分壓力來源於自己的子女。而這種壓力的形成表面上

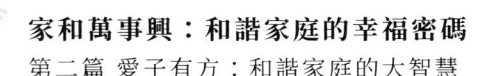

是孩子不努力、學習成績不好、脾氣大、態度差等問題,實際上是父母的教養方式,特別是與孩子的溝通方式出了問題。父母要學會放下姿態,平等地和孩子交流。擔心面對面交流會發脾氣,就嘗試用書信交流,或者嘗試用孩子喜歡的方式,比如透過 LINE、Messenger 等。良好的溝通不是雙方都無所隱瞞,要允許孩子有自己的空間和祕密。

(4) 調整經濟壓力。為人父母,上有老下有小,最煩瑣和沉重的壓力就是柴米油鹽帶來的經濟壓力。經濟壓力在短時間內雖然沒有辦法解決,但仔細一思索就會發現,如今的家庭都不是生活過於拮据的家庭,經濟壓力很多時候來源於我們的慾望——想要吃更好的食品,想要穿更高檔的衣服等。慾望可以激發人努力,但是也會給人添加許多無形的煩惱。所謂「知足者常樂」,如果你不安於現狀,那就應該把壓力化作動力,提高個人的工作技能,以便滿足自身更高層次的需求。

小叮嚀

心理測試:最近你壓力大麼?

選「不適用」得 1 分,「偶爾適用」得 2 分,「經常適用」得 3 分,「最適用」得 4 分。

(1) 我發現自己為很細微的事而煩惱。

(2) 我似乎神經過敏。

(3) 若受到阻礙,我會感到很不耐煩。

(4) 我對事情往往做出過度的反應。

(5) 我發現自己很容易心煩意亂。

(6) 我發現自己很容易受刺激。

(7) 我感到自己長期處於高警覺的狀態。

(8) 我感到自己很容易被觸怒。

(9) 我覺得自己消耗了很多精力。

(10) 我覺得很難讓自己安靜下來。

(11) 受刺激後，我感到很難平心靜氣。

(12) 我神經緊張。

(13) 我感到很難放鬆。

(14) 我感到忐忑不安。

(15) 我很難忍受工作時受到阻礙。

測試結果：

15 分：你沒有壓力。

16～30 分：你有輕度壓力，需調適自己的情緒了。

31～45 分：你有中度壓力，除自我調節外，可以尋求心理諮詢師的幫助。

46～60 分：你已經處於重度壓力之下，建議尋求心理諮詢師或精神科醫生的幫助，做心理諮詢或者根據情況接受治療。

（五）溺愛是一種偷懶的愛

家有煩心事

冬天的一個晚上，媽媽帶著 3 歲的皮魯去朋友家串門。回到家裡後，皮魯突然發現一直攥在手裡的一塊糖果不見了。那塊糖果是媽媽的朋友給的，他家沒有這樣的糖果。發現糖果沒有了之後，皮魯著急地哭了起來，爺爺奶奶、爸爸媽媽都來安慰他，並承諾第二天給他買他最喜歡的玩具。但是，皮魯沒有妥協：「我要！我要！！我就要！！！」

皮魯打滾哭鬧，爺爺奶奶、爸爸媽媽看得著實心疼，便帶上照明工具，「傾巢」出動，沿著回來的路進行地毯式搜尋。眼看到了午夜十二點，糖果還是沒有找到。媽媽看到因為絕望而哭得死去活來的孩子，終於硬著頭皮敲開了朋友家的門⋯⋯

經歷這樣小小的失望就歇斯底里，預示了未來災難的來臨。

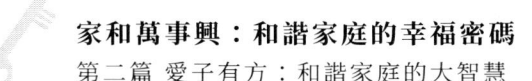

皮魯長大了，該談戀愛了，但他看上的女孩根本看不上他。他不在地上打滾了，也不大聲哭鬧，而是拿起一把刀子割破了自己的手腕……

在醫院，皮魯被搶救過來了，但是他卻開始絕食。父母哭著對他說：「你想把我們急死？不就是一個女孩嗎？人生的路還長著，好女孩多的是。」但是皮魯惡狠狠地說：「我就想要她！一定要她！！」

從一塊糖果開始，皮魯被無休止的滿足溫柔地保衛著，直至失去了理性……

——摘自《父母手記：教育好孩子的101種方法》

心理透視

家裡的「小霸王」，學校的「小惡魔」

放縱的溺愛，是最不利於孩子自我成長的愛，是一種最偷懶的愛。

幾乎在每個幼兒園都會出現愛欺負別人的小孩。他們特別愛指揮別人，總是命令其他小朋友和他們玩，如果其他小朋友不同意，他們就會很生氣，就會去打小朋友。幼兒園的老師不管怎麼教育，他們第二天依然我行我素。

基本可以斷言，這樣的小朋友在家裡肯定也是「小霸王」。有些家長可能比較樂於看見自己的孩子指揮別人，他們會認為這是孩子天生的領導才能。但是，這種早早地就慣出來的「領導才能」因為缺乏對別人的理解與尊重，不僅會成為別人的地獄，也會成為家長自己的地獄。

2010年10月16日晚，一輛黑色轎車在河北大學校園內撞倒兩名女生，致使兩人一死一傷。司機不但沒有停車，反而繼續前往校內宿舍樓接女友。返回途中被學生和保安攔下後，該肇事者不但沒有關心傷者，甚至態度冷漠囂張，高喊「有本事你們告去，我爸是李剛！」後經證實，該男子名為李啟銘，父親李剛是保定市某公安分局副局長。此事一出，迅速成為網友和媒體熱議的焦點，「我爸是李剛」語句也迅速成為當時網路上最火的流行語。

放縱的溺愛會導致孩子心中根本沒有其他人的存在。溺愛中長大的孩子，經常偽裝得很強大，但是他們難逃溺愛帶來的以下三個惡果。

二、別錯用了愛的名義

依賴——他們不能接受獨立，必須和其他人黏在一起。他們必須透過其他人對自己的在乎，才能意識到自己的價值。他們先是依賴父母，後來是依賴配偶或者孩子。他們是父母、配偶或者孩子的地獄，因為他們只知道提要求，讓親人來關注自己，卻對親人的感受視而不見。

自卑——他們會用盲目的自大來掩飾自己極度的自卑。他們會發現，一旦離開親人自己連什麼都不是，所以會出現嚴重的自卑心理。但是他們習慣自大，不能接受這種自卑。

任性——父母的溺愛讓他們養成了自私自利的以自我為中心的性格，導致他們嚴重缺乏同情心。他們習慣了慾望立即得到滿足，而沒有學會慾望的滿足得靠自己的努力去實現，且慾望的滿足是需要時間的。「我要，我立即要！我就要！！我一定要！！！」成了他們的慣性思維。

時代、文化和隔代撫養加劇了溺愛

為什麼會出現溺愛呢？至少有三個原因。

首先是時代原因。經濟起飛前，物資匱乏，每個家庭幾乎都是多子女，無論是在物質方面，還是在精神方面，分到的關愛都比較少。子女很多的慾望都沒有得到滿足，而這些未被滿足的慾望都藏在人們的內心。現在，這一代人成為父母了，同時物質條件相對富裕了，那些未被滿足過的願望被充分喚醒。再加上現代家庭一般都是獨生子女，父母都只關注這一個孩子，就很容易導致對孩子的溺愛。現在的父母經常感嘆：「我那個年代，什麼都沒有，我一定不能讓我的孩子再重複我那種生活。」於是，父母們一股腦兒地、近乎失去理智地去溺愛孩子，其實是在透過孩子去滿足他們過去未曾實現的願望。

其次是文化原因。中國的文化中，自愛是有罪的，應該愛別人。但是人的天性首先是自愛，被教導不要自愛，其實是違反了人性的。這種教導壓抑了自愛，但被壓抑的自愛需求必須表達出來，孩子無疑是最適合的表達對象。如此一來，父母在愛孩子的時候，容易失去分寸。

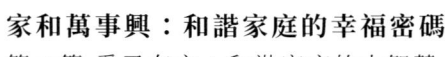

再者是隔代撫養的原因。不少年輕父母表示，自己從小在父母嚴厲的教育下長大，卻從沒有見他們動過孫輩一個手指頭。我們的文化講究孝道，所以父母在挑戰老人們失去理性的溺愛時，會感到巨大的壓力。再加上現在做父母的普遍比較忙，他們只好任由老人用他們的方式管教孩子，這就進一步加劇了溺愛的程度。

和諧密碼

真愛與溺愛

一個人的成長過程就是他成為他自己的過程，愛是這一過程中最重要的因素。父母給孩子提供什麼樣的愛，孩子就以適應這種愛的方式成長。

真愛是父母以孩子的成長需要為核心，在孩子不同的發展階段給予他不同方式的愛。0～2歲期間，給予孩子無條件的愛；2～4歲期間，就必須一方面尊重孩子自主的探索，另一方面讓孩子學會尊重別人，讓他意識到世界並非圍繞他而轉，同時還要在孩子需要幫助時給予支持……這種以孩子的成長需要為中心的真愛是複雜而艱巨的。它一方面要尊重孩子在生活和人格上的獨立，一方面又要適時地提供愛的引導，這就需要認真地思考，不斷地創新。

相反，溺愛不管看起來是多麼富有犧牲精神，其實是懶惰的、缺乏思考的、一成不變的愛。0～2歲期間，父母以孩子為中心，無論怎麼愛幾乎都不會犯錯；但到了2～4歲，他們仍然這樣做，放棄思考，任由沒有控制能力的孩子去發號施令。甚至孩子成人了，父母仍然以這種方式去愛孩子。最終，這會導致毀滅性的結果。要麼，在溺愛下長大的孩子會缺乏自我，他們只是父母的複製品；要麼，他們的自我會無限膨脹，內心中只有自己，沒有別人，並最終成為別人的噩夢。

溺愛是陷阱。事實上，對孩子溺愛的父母只是在滿足自己的需要，只是披著「一切為了孩子」這件外衣。

小叮嚀

愛是合理的「給」和合理的「不給」

美國心理學家斯考特·派克認為，對孩子的溺愛和對寵物的愛有一致性，可以說是一種本能。它不需要努力，不需要經過意志抉擇，並且對心靈的成長毫無幫助，所以不能算是真愛。雖然溺愛也能幫助他們建立親密的人際關係，但要養育健康而心智成熟的孩子，需要更多東西。

愛不光是給予，它是合理的「給」和合理的「不給」，是合理的讚美和合理的批評，是合理的爭執、對立和合理的鼓勵、敦促、安慰。所謂合理，是一種判斷，不能只憑直覺，必須經過思考，有時甚至會經歷不怎麼愉快的取捨過程。

（六）培養孩子，不如「陪養」孩子

家有煩心事

「小雅，生活費給你放在書桌上了，記得要按時吃飯。等會李老師那裡的英語補習班別忘了！我和你爸這周出差不在，週末鋼琴和芭蕾課可不能偷懶哦！下周回來見喲，愛你，寶貝！」馨雅點點頭：「嗯，知道了，你們忙你們的去吧！我會好好上課，回來見！」

媽媽離開後，馨雅回房間收拾收拾東西便準備去上補習班了。她早已習慣了這樣的日子，忙碌的父母總是在不停地工作和出差。不過，他們雖然工作上忙碌辛苦，倒也不忘把馨雅送去各種補習班、輔導課和才藝班。從小到大，馨雅忙著在各個培訓班中穿來穿去，而她的父母則忙著在全國各地飛來飛去。想著父母這樣辛苦掙錢都是為了自己，馨雅也不好抱怨什麼。

「馨雅，下個月全國青少年鋼琴比賽就要開始咯，這段時間你可得加緊好好練習，以你的水平，得獎可是沒有問題的。」鋼琴老師微笑道。「又是一個比賽……」馨雅苦澀地想到，「從出生到現在，我參加的各種文藝比賽和演出有多少，連自己都數不過來了，而爸媽來觀看自己的比賽的次數卻屈指可數。」馨雅微微地搖搖頭自言自語道：「得獎又如何，給誰看呢？」

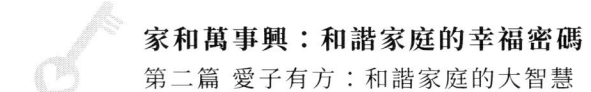

在家等待父母回來的馨雅這一次多麼想讓父母來觀看自己的比賽，便一次又一次地練習著要如何告訴父母。回到家的媽媽給了馨雅一個熱情的擁抱：「寶貝，告訴你一個好消息，這次你媽媽我一出手就把這單子搞定了，下個月可要去歐洲出差半個月。哈哈，到時候給你帶禮物回來哦！想要什麼，儘管說，哈哈哈……」看到媽媽這麼高興，聽到媽媽下個月又要出差半個月，話到嘴邊的馨雅再也開不了口，只能陪著媽媽苦笑著……

心理透視

從發展心理學看孩子的成長之路：不能缺少家長的陪伴

嬰幼兒期：0～6歲的孩子

孩子從呱呱墜地開始，就和這個世界發生了聯繫。家庭是他們最開始接觸的小社會，而父母則是他們最先接觸的除自我之外的人。心理學家指出，孩子在幼小時期對父母的依戀強烈，而安全的親子依戀關係是自我健康發展的重要條件。孩子在早期能否健康發展取決於親子交往的質量。所以，父母給予孩子足夠的陪伴，在孩子們需要的時候給予支持會讓孩子獲得安全感、滿足感和成就感，這些是給予孩子自信的基礎。

童年期：7～13歲的孩子

這個時期的孩子開始接觸家庭以外的另一個小社會——學校。老師、同學開始在孩子心中占有一定地位，家長與孩子的交往關係也會發生變化。這個時候的孩子不再喜歡家長直接對其進行控制，轉變為希望家長和自己共同做決定。這向家長的「陪養」教育提出了更高的要求：既不能放任自流，也不能溺愛。

青少年期：13～18歲的孩子

青春期的孩子身心發展迅速卻又不平衡，他們一方面渴望長大，希望擺脫父母的控制，另一方面又離不開父母的支持和保護。他們處於心理斷乳期，同時也需要精神依託，這種矛盾的心理使孩子們更加渴望父母的陪伴。他們往往對成人充滿了不信任和不滿，不願意和父母進行交流溝通，更樂意向同

齡的朋友吐露心聲。處於這個年齡階段的孩子，心理脆弱而敏感，學習壓力大，情緒得不到疏解，最容易產生自殺傾向甚至犯罪，父母的陪伴是支撐孩子走過這個階段最強大的力量。父母採用正確的方法陪伴處於敏感階段的孩子，將使孩子一生受益。

和諧密碼

家長如何陪伴自己的孩子？

(1) 給予孩子關注。關注孩子，不僅僅是去觀察孩子遇到事情怎麼處理，更多的是要思考孩子為什麼要這樣做。以孩子的眼光來看待周圍的事情，真正理解孩子的感受，體會孩子的心情。

(2) 清楚自己平時是怎麼和孩子有身體上的接觸的，並用自己接觸孩子的方式來接觸自己或者是另一半。當你這樣做時，所體會到的身體與身體的接觸是溫柔，還是生硬？是充滿活力，還是軟弱無力？是滿滿的愛意，還是帶有不安的焦慮？然後把這些都告訴你的孩子，並詢問他們更期待有什麼樣的身體接觸。

(3) 看孩子的眼神。俗話說：「眼睛是心靈的窗戶。」很多時候，你和孩子眼神的接觸比話語或動作帶來的心靈震撼力更為強大。首先父母要承認自己的內心感受，其次要勇於用眼神向孩子表達自己的感受：是害怕，還是溫柔？是開心，還是難過？

(4) 鼓勵孩子勇於表達自己的意見和感受。父母陪伴孩子，為的就是更加瞭解孩子。當遇到問題的時候，多問問孩子的感受和看法，去瞭解他遇事的態度和想法，同時也幫助孩子樹立正確的人生觀、價值觀，讓孩子在與父母的陪伴交流中獲得更好的成長。

(5) 在自己的孩子面前適當展示自己對年長父母的陪伴。只有真正做了父母的人才懂得自己父母為自己所付出的一切。家長在孩子面前展示自己對父母的孝順、耐心、體貼，孩子也會感同身受。你怎麼照顧自己的父母，你的孩子也會記得在將來怎麼照顧你。

小叮嚀

家長小測試：你對自己的孩子有多瞭解

(1) 誰是孩子最知心的朋友？

(2) 誰是他心目中最崇拜的英雄？

(3) 他感到最羞恥的是什麼？

(4) 他感到最害怕的是什麼？

(5) 他喜歡哪種運動？

(6) 他喜歡用哪種顏色布置自己的房間？

(7) 他的愛好是什麼？

(8) 他最喜歡什麼音樂？

(9) 除家庭成員外，誰在他的生活中最有影響？

(10) 學校的課程中，哪門功課他最喜歡？哪門不感興趣？

(11) 他對於家庭最不滿意的事情是什麼？

(12) 什麼是他引以為自豪和光榮的事？

(13) 他喜歡的電視節目是什麼？

(14) 如果你準備為兒女買一件他喜歡的東西，他馬上選擇什麼？

(15) 他最敬重的老師是誰？

(16) 什麼事最容易激怒他？

(17) 你的孩子認為同學們是否尊重他？

(18) 他希望自己長大後做什麼？

(19) 他今年感到最失望的是什麼？

(20) 他覺得自己的身高與實際年齡相符嗎？

(21) 他最珍視你送的哪件禮物？

(22) 他希望如何度過假期？

(23) 他最討厭的家務勞動是什麼？刷洗碗盤，收拾房間，還是其他？

(24) 最近，他看了哪些書？

(25) 在家庭生活中，哪件事情使他高興？

(26) 他最喜歡或討厭什麼食品？

(27) 他在學校裡是否有綽號？有的話，是什麼綽號？

(28) 他喜歡在什麼時候完成自己當天的作業？

(29) 哪種小動物最使他感到親切、可愛？是天上飛的，還是水中游的？

(30) 他認為最寶貴的是什麼？

不知道是否每道題你都能回答出來。能答出 25～30 道題的，算是比較瞭解孩子的家長；能答出 15～24 道題的，只能說是瞭解孩子一些基本情況的家長；答出 14 道題以下的，或許你需要反思一下，為什麼你對自己的孩子還不如對工作熟悉？

孩子總是在成長發展的，或許每一位家長都需要想一想，上一次靜下心來和孩子交流是什麼時候的事了？

（七）如何面對沉迷於網路的孩子

家有煩心事

小軍從小到大都是優等生，學習好、愛運動，從來不讓大人操心。但上初二後，事情發生了變化——小軍的各科成績下降，運動場上也不見他的蹤影，曠課逃學，夜不歸宿……小軍是怎麼啦？父母、老師和同學們都感到不解。

原來小軍迷上了網路遊戲，甚至不去學校上課！媽媽辭職在家專門「看管」小軍，小軍就沒有機會上網打遊戲、聊天了，但媽媽發現情況似乎越來

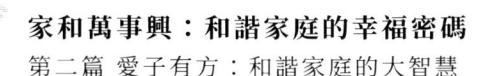

越糟。網癮發作時的小軍脾氣暴躁、大吼大鬧、摔砸東西，父母看著心如刀絞。後來小軍不鬧了，父母以為他已成功戒除網癮。可小軍卻變得沉默寡言、食慾減退、精神憔悴。後來，小軍不再走出房門，把窗簾拉得死死的，即使媽媽替他拉開窗簾透氣，他也立馬表現出恐慌和抗拒。父母嚇壞了，這才強行把他帶去醫院做檢查。

如今，小軍仍在醫院精神科接受著藥物治療和心理諮詢……

心理透視

孩子為什麼會沉迷於網路？

(1) 現實生活中得不到父母的關心、老師的關注。網路是虛擬的，但是孩子在網路世界裡面感受到的滿足感卻是真實的。現實中得到父母關心少或得到老師關注少的孩子，便願意在網路世界中去尋找這種安全感和愛的需要。

(2) 網路使孩子的部分自我價值得到實現。沉迷於網路的孩子，往往在現實生活中學習成績或其他方面比不上其他孩子。但是在網路中，特別是網路遊戲中，他們能體驗到「當領導」的快感，也更容易體驗到成功的快樂，即便遊戲輸了也可以重新來過。但是在現實生活中，當他們犯了錯誤，卻很少有人願意給他們再來一次的機會。

(3) 認知探索心理的滿足。青少年正處於對凡事充滿好奇的階段，而互聯網恰恰滿足了他們這種心理。他們在網路世界能夠看到書本上沒有的東西，而且網路的開放性極大地滿足了他們的獵奇心理和求知慾望。

(4) 滿足孩子的人際交往需求。青少年往往處於青春叛逆階段，該階段的孩子脆弱敏感，極度缺乏安全感，他們不願意相信家長、老師，甚至是同學。而某些個性內向，在現實生活中不善於和同學交流的學生更喜歡在網上和陌生人交流，這種交際滿足了青少年渴望擁有朋友和被人理解的心理需要。即便在現實中好友眾多的孩子，也願意在網上對陌生人傾訴感情，因為這樣讓他們感覺更具安全感。

(5) 受到周圍同學和環境的影響。青少年容易沉迷於網路，除了以上主觀原因的影響外，客觀原因也在起著作用。很多孩子其實一開始並沒有沉迷於網路，但是周圍的「哥們」和「兄弟」在不斷地慫恿他逃課去網咖，為了不和同學朋友脫離，即便之前沒有網癮也會因為從眾心理而培養出網癮。

孩子沉迷於網路是消遣方式，還是躲避現實？

孩子沉迷於網路，有的是被網路的花花世界所吸引，有的是為了在網路上尋找個人價值，還有的是迷戀遊戲不可收拾。但也有的人沉迷於網路僅僅是其選擇逃避現實的一種方式。

這類孩子通常在生活中遭受到很多的不幸，或受到過嚴重的創傷和刺激，他們需要把自己隱藏在網路世界之中以尋求安全感。這類孩子即便戒掉了網癮，如果家長沒有找到問題的根源，只會讓他們用其他的方式繼續迴避現實。

和諧密碼

家長怎樣幫助孩子戒掉網癮？

(1) 增加陪伴孩子的時間。多抽出時間帶孩子走出室內，去戶外郊遊、運動。即便一開始孩子強烈反對，也要想盡一切辦法讓孩子遠離電腦。這期間家長要陪伴在孩子身邊，給予孩子安全感，讓他們感受到關愛。

(2) 委託孩子幫你做他力所能及的事情。不能一味地讓孩子學習，而什麼都不做。一旦孩子成績下降，學習上得不到成就感，就很容易尋找其他方式來獲得成就感。適當委託孩子做他能做到的事情，讓孩子體驗到現實生活中自己完成事情後的喜悅，感受到自己被需要的自我價值感。

(3) 培養孩子的其他興趣愛好。沉迷於網路的孩子，通常很少有其他的興趣愛好，這正是家長可以探索的地方。可以用其他方式轉移孩子對網路的注意力，培養其更健康的生活方式。

(4) 在孩子沉迷於網路的時候，家長的打罵和喋喋不休只會引來孩子的叛逆心理，而引導孩子正確上網才是關鍵。家長不能一概地否定網路的價值，

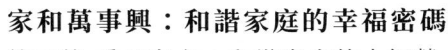

也不能拒絕承認孩子從網路中所獲得的感受價值。要讓孩子區分虛擬和現實，避免從虛擬世界回到現實世界後的強烈落差。

(5) 戒除網癮是一件循序漸進的事，要有耐心。目標不能太高，原本通宵上網打遊戲的孩子，要他一週內立刻不觸碰電腦，是基本不可能實現的事情。要知道，戒除網癮是一場持久戰，家長要有足夠的耐心和毅力相信孩子可以完成，也要做好這期間網癮可能復發的準備。適當的時候，可以尋求外界力量的幫助。

怎樣幫助孩子正視現實？

(1) 和孩子溝通交流，瞭解事情的緣由。逃避現實的孩子一定是在現實生活中受到了挫折或創傷。只有在和孩子交流，瞭解到事情的原本始末後，才能對症下藥，找到正確的方式去處理問題。

(2) 不敢正視現實的孩子往往極度缺乏安全感。現實讓他們恐慌害怕，家長應該及時注意到問題，用言語和行動，如撫摸、擁抱等，傳遞給孩子愛意和安全感，讓孩子擁有正視現實的勇氣。

(3) 必要時，可以尋求醫生或心理諮詢師的幫助。

小叮嚀

小小故事會

彭宇華（化名）同時收到了來自美國紐約大學、芝加哥大學以及哥倫比亞大學的錄取通知書。這個活潑好動、性格開朗的男生在接受採訪時一直說自己並不是「傳統意義上的學霸」，因為他從來不死讀書。而且他相信，就算成績再好也不足以成為他被這些學校同時錄取的原因。

很難想像，這個被三所美國高校同時錄取的學生，竟是一名網遊高手。他曾是反恐精英（CS）聯賽區域冠軍。談到網遊時，他笑稱自己曾經差點「一失足成千古恨」。他說自己其實在一開始接觸網遊的時候是在初三，初中最後一年了，他居然一發不可收拾地迷上了網遊。更讓他意外的是，父親並沒有對他進行打罵說教，而是陪著他一起打遊戲，甚至打得比他還要好！他最

終明白了父親的良苦用心，決心戒掉網癮。但是並不是不打，而是和父親約定好了每週固定時間才會打網遊來放鬆。彭宇華笑著說道：「如果不是父親選擇了用異於常人的方式來引導我戒掉網癮，估計當時我連明星高中都上不了，也就沒有今天這份收穫了，所以還是很感謝父母當時的理解和做法。」

他表示，其實不止愛打 CS，魔獸和英雄聯盟等時下流行的網路遊戲他都很愛玩，而且玩得也不錯，甚至坦言自己在備考托福以及申請國外高校的時候，打遊戲這個習慣也沒有放棄。只是現在不需要和父母約定玩遊戲的時間，自己也能自主控制了。彭宇華說：「其實，玩遊戲就是我的一種興趣愛好而已，不過是放鬆自己的一個方式。我還很喜歡動手搞點小發明什麼的，同時還是學校籃球隊的隊長吶！」

（八）懂得分離的愛才是真愛

家有煩心事

小丁今年高三畢業，以優異的成績考上了離家千里之外的一所名牌大學。全家人都在為小丁高興，可小丁卻極其不樂意。因為，去讀大學就意味著要離開媽媽了。從小到大，媽媽事無巨細地照顧著小丁，小到吃什麼、穿什麼、用什麼，大到讀什麼學校、選什麼專業全是媽媽為他做決定。小丁也很依賴媽媽，甚至上初中時還每天晚上和媽媽睡一張床。那時，學校全是住宿生，唯獨他例外。他所在的村莊離學校 2.5 公里，每天晚上他都要步行回家，一早又步行去學校。後來，上高中了，媽媽才拒絕和他睡一張床。媽媽不知道趕了他多少次，可只要他一死乞白賴地求媽媽，媽媽就會軟下心來。他對媽媽的依賴已經嚴重到病態。現在，要離開家去讀大學了，小丁極其不願意。開學一個月，因為想媽媽，他每天都要哭，每天都要給媽媽打兩次以上的電話，吵著鬧著不想讀書，想回家。最後，父母沒辦法，只好讓小丁退學，準備復讀後考一所當地的大學。

心理透視

拒絕分離，就等於拒絕成長

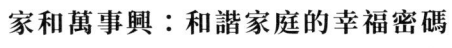

這是一例在心理諮詢過程中孩子不想與媽媽分離的典型案例。也有另一種情形，是媽媽無法完成與孩子的分離。美國心理學家斯考特·派克在他的著作《邪惡人性》中曾講到過這樣一個故事：安吉拉的媽媽不能接受安吉拉有任何自主性，她的寢室永遠不能關門，媽媽任何時候都有權利走進她的房間。她11歲時，媽媽突然想將安吉拉的頭髮染成金黃色，可安吉拉喜歡自己的黑頭髮。無論安吉拉怎麼反抗都沒用，媽媽最後還是將她的頭髮染成了金黃色。安吉拉講話的時候，媽媽說不定什麼時候就會命令她閉嘴，但一心血來潮，又會拚命去挖掘安吉拉的內心世界，問她想什麼。結果，到了30歲時，安吉拉突然無法說話了。她是名教師，本可以流暢地講課。

派克分析說，與媽媽的關係讓安吉拉形成一種潛意識的模式：關係越親密，她就越沒有自己的空間，而維護自己空間的唯一方式就是不說話。因為無論媽媽怎浸入她的個人空間，只要不開口，媽媽就一點辦法也沒有。在這種潛意識的影響下，安吉拉生活中的任何一種關係，當從疏遠變成親密時，她就會「失語」。但這種「失語」只是為了捍衛她的隱私空間。

像這樣的父母並非少數。一些父母之所以如此，是因為他們將孩子當成了「物」，而不是人。他們認為自己有權力去支配這個自己生養的孩子。在任何情況下，無論父母傾注的是善意還是惡意，孩子的自主性都不會得到尊重。

孩子成年後不可能再像小時候那樣黏著父母。因為父母在孩子的心中已經從無所不能的神還原為有很多缺點的普通人。這時，孩子需要新的「神」，他們需要找到新的偶像去認同，並從偶像的人格中汲取養料，成為自己。這些偶像可能是老師、同學以及身邊的人，也可能是明星、科學家、政治家。

父母必須主動與孩子分離，這樣才能促進孩子的人格成長，並讓他最終成為一個有獨立人格的人。親子關係如此，師生關係、情侶關係等親密關係亦是如此。

在處理分離上，會出現三種結果：

第一種，成熟分離。一邊給予愛，一邊堅定地告訴孩子：你是你，我是我。這樣一來，關係仍然親密，但關係中的兩個人都擁有了獨立而健康的人格。

第二種，拒絕分離。這樣的關係不一定親密，也有可能比較惡劣，但關係中的兩個人必然會黏在一起，愛恨交織。

第三種，單純分離。雖然名義上是親人，但拒絕愛與親密。如果兩個人都是成年人，那麼這種關係很難維繫；如果是親子關係，你和孩子會遭遇到難以挽回的傷害。沒有分離，孩子不能成人；沒有愛，孩子一樣不能成長。

和諧密碼

分離，是生命中永恆的主題

從孩子呱呱落地的那一瞬間，一個初生嬰兒已經遭遇了第一個無比痛苦的分離──分娩。離開媽媽無比舒服的子宮，從狹窄的陰道裡被擠到這個世界上，陌生、喧雜的環境，還有剛剛體驗的痛苦，讓他放聲痛哭。

嬰兒一開始仍以為媽媽和自己是一體的。餓了，媽媽會給他吃的；冷了，媽媽會把他抱在懷裡……盡職的媽媽必定敏感，他需要什麼，媽媽第一時間滿足他什麼。但是很快，嬰兒意識到自己和媽媽是兩個人，這個與媽媽心理上的分離比分娩過程還痛苦。幼兒們發現，自己無法指揮這個世界，甚至無法指揮媽媽，於是他們哇哇大哭。慢慢地，他們開始接受「媽媽是媽媽，我是我」的概念，但是仍然無法接受媽媽會離開自己，去工作、去學習……與媽媽和其他重要親人的每一次分離都是痛苦的，每一次都讓幼兒們擔心自己被拋棄。

接下來，他們不得不在沒有媽媽和其他親人陪伴的情況下獨自闖世界了，這是一個漫長而痛苦的過程。幼兒園小班開學時，第一次徹底離開家的孩子們總是哭成一片。哭是因為心疼，因為分離帶來的實實在在的疼。再接下來，還有小學、中學、大學……最後，他們徹底離開了爸爸媽媽的家。再後來，他們開始組建自己的家庭，有了自己的孩子，他們要親自教他們的孩子體驗分離、學會分離……

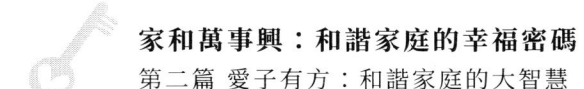

無論分離有多疼，我們必須這樣做，因為——

分離和愛同等重要，它們是生命中最重要的兩個主題。它們共同作用，讓一個人成長，讓一個人成為他自己。

小叮嚀

分離是一生的主題，在人生每個階段，我們都會遇到重要的分離。

第一次分離：與子宮的分離

出生，是一個人遭遇的第一次重大分離。心理學家認為，自然分娩的疼痛是母子之愛的一種高峰。如果沒有經歷過這個疼痛，媽媽的生命知覺會產生斷裂。不少採取剖腹產的媽媽在產後會陷入孤獨、沮喪，懷疑自己做母親的能力，甚至拒絕承擔做媽媽的責任。所以，我們不能僅僅因為痛苦而拒絕自然分娩，就像不能因為痛苦而拒絕分離一樣。

第二次分離：與媽媽的分離

與媽媽的心理分離，是一生中最關鍵的分離，處理好了，可以為孩子學會成熟分離打下堅實的基礎。而一個懼怕親密或懼怕分離的成年人，他們的問題幾乎都可回溯到與媽媽心理分離的問題上。在這一階段，如果媽媽無條件地愛孩子，能夠分享孩子的每一個新獲得的技能和體驗，能夠發自內心地理解他、接受他，那麼孩子在實踐期的受挫感會漸漸消失，他會重新變得自信起來。同時，孩子的自主感也在成長。所以，在這一階段，媽媽需要關注並保護孩子，但又不要替他們完成任務。這種程度的把握是非常微妙的，媽媽對孩子情感的敏銳捕捉就變得尤為重要。這種捕捉是一種理解，它會讓孩子感受到，媽媽既愛自己，又理解自己的自主性。

第三次分離：與家的分離

這是一個漫長的過程。它從幼兒園開始，一直到變成成年人才基本結束。在這個漫長的過程中，我們若有幸能碰上這樣一種人——你認為他們很重要，他們也喜歡你，無條件地尊重你，但同時又不與你黏在一起，那麼，這樣的

人哪怕只是出現在我們生命中的一個瞬間，他也會對我們發揮作用，將我們拉向成熟分離。

拓展閱讀

孩子與媽媽的三種心理分離

成熟分離：孩子內化了媽媽的形象，有了自己。孩子有了自主性，形成了主動、積極探索的特質。

拒絕分離：如果媽媽不願意與孩子分離，或錯誤地什麼都替孩子做主，從而阻礙了這個心理上的分離過程，那麼幼兒就會形成依賴症。

單純分離：媽媽不理解孩子甚至誤解孩子的意願，也拒絕與孩子分享他探索世界的情感和體驗，那麼孩子就會陷入孤獨。

孩子與家分離的三種模式

成熟分離：愛家，但又喜歡獨立。

拒絕分離：戀家，無法獨立。

單純分離：逃離家庭，拒絕與家庭繼續保持聯繫。

第三篇 孝親愛幼：和諧家庭的必修課

第三篇 孝親愛幼：和諧家庭的必修課

「老吾老，以及人之老；幼吾幼，以及人之幼。天下可運於掌。」孟子這段話的意思是：「敬重自己的長輩，進而推廣到敬重別人的長輩；撫愛自己的子女，進而推廣到撫愛別人的兒女。如果以這樣的準則治理國家，統一天下就如運轉於掌心一樣容易了。」

中國人一向說自己是一個懂得尊老的民族。可是，我們現在越來越多的家庭，卻是隨著小孩長大成人，就像鳥兒一樣遠走高飛，留下雙親在家。我們可以說自己有很多無形的責任，有工作，也有自己的家庭和孩子。我們在外辛苦地工作，為更好的明天打拚的時候，我們的父母該有多想念我們呢？

我們該意識到自己無時無刻不在得到父母默默的關愛，但是我們有多久沒有陪父母去散散步了呢？我們知道怎麼讓父母的老年生活更豐富、更幸福嗎？接下來，我們一起來討論孝親愛幼這堂和諧家庭的必修課。

（一）給父母的愛不能等

家有煩心事

租男友、租女友回家過年的事情想必已經不新鮮了，可是「租母親」回家過年又是怎麼回事呢？江蘇的黃女士去年就遇到了這樣的難題。

2013年春節前，網上一篇貼文一石激起千層浪，貼文中說：「我想在今年春節來臨之時，借網路的力量租一位老人當作自己的母親」，「如果您老是1934年9月23日（屬狗，農曆八月十五日生）出生的，女性，家中無子女或子女不在身邊，我願意『租您』來過年。時間從年三十到正月初六，報銷來回路費，還給萬元紅包。」

此貼文一出，立即引起了成千上萬人的圍觀，許多人懷疑這是一次蓄意的炒作，並不是真實的「租母親」需求。為了回應網友的質疑，黃女士還表示「如您有懷疑，我願意先支付5000元訂金給老人，只要條件符合我的要求即可」，並且在貼文裡留下了自己的手機號碼。

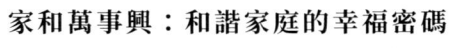

儘管條件苛刻，仍有100多位老人與黃女士取得了聯繫。但是絕大多數因為自己的家庭和兒女不樂意，甚至激烈地反對，並不能幫黃女士完成心願。黃女士說：「以前家裡條件差，在物質上沒能夠多孝敬母親。這兩年生活好了，母親卻無福享受了。」想起這些，她總是心存遺憾。

母親去世後，黃女士經常去敬老院慰問老人。看到七八十歲的老人，她經常會想起自己的母親。在一次敬老院慰問表演活動中，她萌生了租個母親回家過年的想法。黃女士說：「這樣既可以滿足我盡孝的願望，也能讓老人感受溫暖。」

在經歷了各種質疑後，最終第一個與黃女士聯繫的西安的田媽媽給她帶來了希望。田媽媽雖然不能到黃女士家中過年，但是邀請黃女士去西安過年。黃女士這次「租母親」過年的行動最終在老人的善良和理解中獲得了圓滿的成功。

心理透視

這是一起因為愧疚而激發的表達孝道的感人事件

黃女士的這件事一經曝光後，各界人士眾說紛紜，有讚賞的，有質疑的，有不理解的，各種觀點爭論不休。「租母親」回家過年，確實是一則感人的新聞。但是黃女士表達孝心的背後，為什麼觸動了這麼多人的神經？這本身就值得我們深思。當今社會，陪伴父母、盡一點孝心，如此天經地義的事情已然成為一個沉甸甸的話題。

「租母親」回家過年，確確實實是一個讓人感動的事件。從事情經過來看，應該不是黃女士的炒作行為，而採取這樣看似不尋常的方式，又是什麼動機呢？我們看得出來，黃女士思念母親的心有多深，但又像是在還她自己對母親的一筆感情債。租來的「母親」，雖然可以叫著「媽媽」的稱呼，但親生母親的愛是再多錢也買不到的。老人可能會對她噓寒問暖，也可能會關心她的喜怒哀樂，但母女的那種與生俱來的親密與默契，是永遠無法替代的。如此孝心，令人欣慰，又令人無奈。

我們盡孝的時間真的越來越少了嗎？

近來，一道親情計算題在網路上炒得沸沸揚揚。這則「親情計算題」的內容是：「假如你和父母分隔兩地，每年你能回去幾次？一次幾天？一共是多長時間？除掉回家後的應酬、睡覺、交友，你有多少時間真正和爸媽相處？現在中國人的平均壽命是 72 歲，假如爸媽能活到 85 歲，這輩子你還能和爸媽相處多久？」

做完這道題，相信大家對上面的問題能給出肯定的答案：是的，我們現在盡孝的時間越來越少了。而且，越來越多的人表示，盡孝越來越難。是什麼導致了這樣的局面？至少有三個方面的原因：家庭結構變化、城市化進程、就業和競爭壓力增加。

首先是家庭結構的變化。20 世紀 80 年代之前，中國的家庭都是大家庭，兄弟姐妹眾多，老兩口膝下一般都是兒孫滿堂，老人收到的孝心自然就更多。而 20 世紀 80 年代之後，大家庭開始轉變成為小家庭，一對年輕夫妻需要同時贍養四位老人的情況越來越普遍，再加上養育家裡小孩的重任，對老人的關懷自然不能跟以前的大家庭時代相比。

其次是城市化進程。在農業化時代，子女大多與父母居住在一起，有很多時間和精力盡孝行善，孝敬父母是比較容易做到的。而現在，年輕人紛紛進城。地理上的隔離、生活環境的不同慢慢造成了思想觀念的隔離，空巢家庭越來越多。很多父母與子女並不一起居住，使得子女即使有孝心，盡孝也並不容易做到。

最後是就業和競爭壓力的加大。「放假時間太短」「工作太忙，走不開」「回家太遠，成本高」等成為現在年輕人和年老的父母聚少離多的重要原因。陪伴父母日漸成為我們日常生活中的次要選項，甚至是最容易忽略的選項。

和諧密碼

由全國婦聯老齡工作協調委員會辦公室、全國老齡工作委員會辦公室、全國心繫系列活動組委會於 2012 年 8 月 13 日共同發布的新版「二十四孝」行動標準觸痛了不少人的神經，也帶來了很多討論和爭議。很多人在表示「深

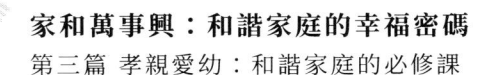

受刺激」「深感慚愧」的時候，也在熱議這種太標準化的行為規範，不能完全適合中國的地區差異、城鄉差異的現實。

其實，新「二十四孝」的意義在於，它不僅僅是標準，更是提醒。任何關於盡孝的提醒都是善意的，它裡面的某些具體的形式不一定適用於每一個家庭，但它強調的是盡孝要用心，並且要體現在行動上，融化在每一件小事中，其關鍵在於，用行動向父母表達我們的關愛。

有這樣一幕曾給我很大的觸動。一天傍晚我路過一條背街小巷，一對父女的身影引起了我的注意。父親是拾荒者，衣服上滿是灰塵，上衣還被撕破了一條口子，露出黝黑結實的胸膛。女兒大概五六歲的樣子，穿著一條粉色的褲子，背著藍色的卡通書包。他們坐在樹蔭下，面前是一車廢紙箱，看樣子是走到一半正在休息。天氣炎熱，女兒正拿著一支雪糕往父親嘴裡送，父親象徵性地咬了一小口，女兒卻執意讓父親多吃。父親拗不過，只好吃了一大口……

像這樣在日常生活中很小的行為，就是盡孝，就是實實在在地表達對父母的愛。

所以，為父母盡孝並不難，最為關鍵的是不要把盡孝當作我們日常生活中的次要選項。我們要常懷盡孝之心，工作是做不完的，錢也是賺不完的，而我們陪伴父母的時間是有限的。尤其是子女不在父母身邊的，陪伴時間更為有限，因此不要等到春節才想起回家看望父母。

我們可能有各種理由，比如沒有時間，或者還沒有能力給父母最好的東西。其實，父母想要的恰恰就是我們現在就能給的——我們的關愛。一年中每隔三四個月回家一趟，過節送他們一件禮物，跟父母在一起時陪他們逛逛街、聊聊天。雖然父母嘴上說「你工作要緊，別耽誤時間」，但是只要你長年累月地一直這樣做下去，你會感覺到父母的快樂和幸福在增加。

小叮嚀

新「二十四孝」

(1) 經常帶著愛人、子女回家

(2) 節假日儘量與父母共度

(3) 為父母舉辦生日宴會

(4) 親自給父母做飯

(5) 每週給父母打個電話

(6) 父母的零花錢不能少

(7) 為父母建立「關愛卡」

(8) 仔細聆聽父母的往事

(9) 教父母學會上網

(10) 經常為父母拍照

(11) 對父母的愛要說出口

(12) 打開父母的心結

(13) 支持父母的業餘愛好

(14) 支持單身父母再婚

(15) 定期帶父母做體檢

(16) 為父母購買合適的保險

(17) 常跟父母做交心的溝通

(18) 帶父母一起出席重要的活動

(19) 帶父母參觀你工作的地方

(20) 帶父母去旅行或故地重遊

(21) 和父母一起鍛鍊身體

(22) 適當參與父母的活動

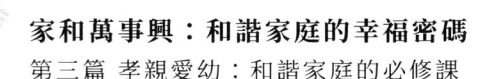

(23) 陪父母拜訪他們的老朋友

(24) 陪父母看一場老電影

（二）盡孝其實很簡單

家有煩心事

　　鄧大媽有兩個兒子，都已經成家立業、事業有成，也十分孝順。一年前，鄧大媽的老伴去世後，兩個兒子擔心她住在原來的房子裡睹物思人，影響心情，又想著讓鄧大媽在接下來的日子裡能享受品質更高的生活，便商量著給鄧大媽買了一套120平方公尺的大房子，小區環境綠化好、配套齊全、管理嚴格，閒雜人員不能隨意出入。很快，鄧大媽搬進了高品質小區的豪華大房子。

　　鄧大媽經常在小區轉悠，逢人便聊天誇兩個兒子，讓同一小區的老人都很羨慕。鄧大媽生活得衣食富足、無憂無慮，生活本該更加滋潤，可是她的身子卻一天比一天差。慢慢地，她覺得渾身都不舒服，原來性格開朗的她，不知道從什麼時候開始變得鬱鬱寡歡。孩子們見鄧大媽天天喊難受，就把貴的、好的補品往鄧大媽家裡搬。鄧大媽補品沒少吃，也去做過體檢，卻沒有查出身體有什麼明顯的毛病。

　　最近半年，鄧大媽越來越不願意出門，總是在家坐著，電視也不看，身體日漸消瘦。剛開始，兩個兒子不斷噓寒問暖，鄧大媽有時候嘮嘮叨叨地唸著：「一個人活著也沒意思，還不如跟老伴一起去了。」久而久之，孩子們都有點怕見鄧大媽了。

　　鄧大媽被送進精神心理科檢查，專家道出的病因讓家人大吃一驚：子女出於孝心為老人購買的大房子竟是引發憂鬱情緒的主要原因。經過一段時間的治療後，鄧大媽總算是開了「金口」：「兒子很孝順，年初給我買了套120平方公尺的大房子，可住在裡面我感覺特別孤獨。」「孩子們平時上班都忙，錢給得挺多，家裡營養品都吃不完，我這還身體出毛病，兒子本來就辛苦，我這不是添亂嗎？都快覺得自己活著沒意思了。」

聽鄧大媽說出這番話，醫生心裡也一陣發酸。鄧大媽的生活水平本應該是大家都羨慕的，但這看似風光的日子卻過得一點都不幸福。

心理透視

老人「享清福」，小心孤獨憂鬱

我們一般認為讓老人「享清福」就是盡孝，也就是讓老人吃好、住好、萬事不操心。於是我們就想著給老人吃好吃的，讓老人住大房子，什麼事情都幫老人安排得井井有條，並且以為這就是對老人好，結果誰能料到鄧大媽在這樣富裕的生活中竟然就憂鬱了呢？

從心理學上說，適當的勞動和任務帶來的輕度的正向壓力能讓人保持一種積極的應激狀態，這是有益於人的身心健康的。所以，有時「享清福」恰恰不利於老年人的精神健康。一些老人不願過多地給孩子帶來壓力，經常會產生自己對家裡沒貢獻、沒價值的想法，感覺連累了家人。子女們應適當安排一些家務給老人，讓他們明白自己是被人需要的，幫助老人減輕「自己沒用了」的看法。

過大的房子更容易誘發老年人的孤獨感

孤獨感與空間的大小有關係，過大的房子確實有誘發憂鬱、焦慮等不良情緒的風險。老年人本來就生活得相對單調，他們在空曠的房子裡會感覺到更多的不可控因素，房子越大，想像力就越豐富。另外，老人的動作多半遲緩，房子過大就增加了取物品和做家務的難度。所以，建議老人居住的房子面積不宜超過 120 平方公尺。此外，兒女們最好尊重老人的意願行事，尤其是一些自認為是對父母好的事情，更要事先溝通。

對老年人兩個最大的威脅

老人的心理健康危機很隱蔽，而且常常伴隨著身體上的疾病，因此很容易被忽略，給老人的晚年生活蒙上陰影。特別是在大部分老人都會經歷的兩大危機時期，我們更要細心關注到他們的心理健康。

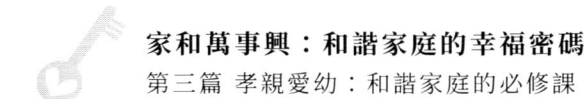

(1) 退休導致的與社會脫離

一般來說，如果老人在剛退休後被返聘，或者可以買菜做飯、照顧孫子，他們的生活狀態和精神狀態的轉換會很平穩。但返聘結束、孫輩長大上學以後，事情迅速變少，孤獨感、無價值感、無目的感都會襲來，讓他們產生和社會的脫離感。如果這樣的情緒長期無法擺脫，就會使他們陷入憂鬱。

(2) 喪偶導致的寄託喪失

喪偶是老年憂鬱的一大顯著誘因，特別是配偶突然離世，使老人的心理遭受打擊，更加孤獨。我們常常發現，喪偶的老人在喪偶的頭兩年裡老得特別快，這是由於老伴去世後精神寄託喪失，又一時找不到新的精神寄託導致的。有數據顯示，喪偶後有多達14%的老人患上重症憂鬱，喪偶之後第二年，老年人得各種疾病的幾率也會增加一倍。

和諧密碼

讓老人的生活充滿溫暖，讓他們生活得有質量，僅僅保證他們的基本物質需求是遠遠不夠的。除了儘量常回家看看老人，或經常與父母打電話進行感情交流外，我們還要從三方面用心幫助老人安排老年生活。盡孝，其實也可以是很簡單的事。

(1) 安排給老人適量的家務活

空虛感是老人晚年生活危機最容易出現的誘因。「享清福」看似愜意，實際上可能會讓老人找不到存在感。老人不能太閒，生活太清閒的老人一旦無所事事很容易導致作息時間紊亂，生活不規律。

(2) 幫助老人發展興趣

興趣和愛好對老年人來說更為重要。凡長壽者多有興趣愛好，他們透過這些興趣、愛好，使自己的心情愉悅，同時也調節內臟功能，促進新陳代謝，無形中給長壽創造了良好的條件。做子女的如果能從這個層面上理解興趣對於老年人的重要性，就知道老年人的興趣不是可有可無的，而是應該要有的。

作為子女，對於父母的興趣，不管是雅的還是俗的，只要不影響身體健康，不對周圍人造成危害，都應該給予支持，因為這意味著父母在豐富自己的生活。如果父母自己並沒有什麼興趣點，不妨幫他們報名參加一些才藝班，或者帶父母參與他們感興趣的活動。這樣下去，父母的生活豐富了，精神好了，生活質量也就跟著提高了。

(3) 鼓勵老人參加社團活動

老年人，特別是退休後的老年人，突然遠離了原來的生活方式和人際環境，很多人就不知道該怎麼辦了。而參加一些團體，除了能發展自己的興趣，鍛鍊身體，更重要的是與活動中的他人相互作用、相互溝通，交流訊息，溝通情感。這樣不僅能使他們遠離憂鬱症的困擾，還能提高晚年生活的幸福度和滿意度。

61歲的馬先生退休後的頭半年感覺無事可做，過上了每天「三飽一倒」的生活，很快體重就增加了不少，甚至連上下樓梯都感覺費力了。看到小區內貼出乒乓球協會招收新會員的通知後，他便報了名。馬先生堅持鍛鍊了半年，不僅體重恢復到了以前的水平，還感覺更加健康了。

現在有很多以老年工作為主要內容，以滿足老年人需求為主要活動目的，或以老年人為參與主體的、非政府性的社會組織，如老年人協會、老年大學、文藝體育協會等。我們可以多鼓勵老年人參加這些團體。

也許最開始老年人會不習慣，子女可以先去瞭解這些社團協會，多跟老人聊這些話題作鋪墊。也許最開始的時候會有一些麻煩，但是當老人自己接觸到並參加社團協會活動後，子女就會看到父母的生活逐漸變得豐富充實，會覺得這樣做是值得的。

小叮嚀

盡孝五原則

贍養敬重，牢記生辰。

常回家看看，再加上多幹。

經常保持聯繫，免除長輩之憂。

長輩事務，尊其自主。

精神慰藉，知識反哺。

（三）讓父母的幸福感增加一些

家有煩心事

「我媽最近怎麼總懷疑別人偷她的東西啊？是怎麼回事呢？」張女士十分憂慮地問。因為 70 多歲的母親疑心太大，家裡已經接連換了兩個保姆了。

原來，張女士的父親去世得早，她和兩個姐姐都各自成了家，離母親家較遠。考慮到沒人照顧母親的生活，她們就給母親請了一個保姆。結果沒過一個月，母親就抱怨說保姆經常偷拿家裡的東西，埋怨保姆不主動做家務。後來，姐妹三人把這個保姆辭退了，幫母親雇了第二個保姆。沒過多久，張女士的母親又和孩子們說這個保姆偷懶，還說保姆偷吃家裡的水果，把剩飯剩菜給自己吃。

兒女們調查後發現，這個保姆的品行非常好，家裡並沒有發生母親所說的情況。姐妹三人便把實情告訴母親，誰知老太太竟然很不滿地指責女兒不管她，看她年紀大了沒用了，和保姆站在一起糊弄她。

張女士十分困惑：「媽媽年輕時就容易多疑，個性也很強。現在年歲大了，折騰起來反倒跟小孩一樣，經常隨口一句話不順她的意，就胡思亂想，我們做子女的該怎麼辦呢？」

心理透視

生活中不乏這樣的老人，他們倔強、多疑，對家中的很多事情都不放心，常常疑東疑西。往往兒女解釋了半天，卻依然倔強地堅持自己的疑慮。看到鄰居、同事在小聲說話，就懷疑在說自己的壞話；有時別人態度顯得冷淡一點，就覺得人家對自己有了看法……

多疑的背後其實是悲觀。這雖不是老年人的專利，但相較於年輕人而言，年長的朋友更容易多疑，這無疑是老年人快樂生活的「絆腳石」。多疑跟一個人的先天性格有關，但是只有60%的人會因為多疑影響到後天的幸福感受，而透過後天的一些習慣、行動的培養，我們可以幫助老人增加幸福感。

老人多疑悲觀，一般是因為與外界接觸較少，常處於自我封閉的狀態的緣故。

老年人的許多猜疑和悲觀，其實是平時缺少與他人的思想交流，人為設置心理障礙的結果。猜疑帶來焦慮，如果鎖在心裡，只會加深矛盾、愈加悲觀，影響和諧。當我們面對這樣的老人的時候，會不認同老人的悲觀心態，甚至會反駁老人的觀點。本來子女想糾正老人的觀念，讓老人正確看待晚年生活，但是這樣做的結果卻會讓老人更加牴觸外界的訊息，更加封閉自己。

老人多疑悲觀，是一種消極的心理狀態，是對未來的不信任。

老人一旦退休，幾十年來的生活重心瞬間轉移，甚至消失，很容易對生活失去掌控，滋生悲觀情緒。這既源於對未來的不信任，又進一步加深了對未來的不信任感。他們很少能夠投入地去做一件事情，也很難找到自己的興趣，沒完沒了的擔心和各種焦慮占據了他們日常生活。子女親友的解釋、勸說往往都難以消除老人的疑慮，問題的關鍵還在於幫助老人樂觀地看待未來，享受當前。

老人多疑悲觀，常常不能發現生活之美

很多看似平淡乏味的事情，比如等公共汽車、刷牙、掃地等，其實都可以變得很有趣。其中的祕訣就是不斷地嘗試有新意的辦法或者在其中找些讓人入迷的樂趣，比如掃地的時候唱歌，既不影響打掃，又能享受音樂之美。

可是悲觀和多疑的老人往往不會這樣。他們看電視的時候想著看完電視吃什麼，吃飯的時候想著買菜稱秤有沒有缺斤少兩，買菜的時候又想著電視的劇情。他們習慣性地想著現在以外的事情，不懂得享受今天，發現生活之美，彷彿總是有讓他們擔心的事情。

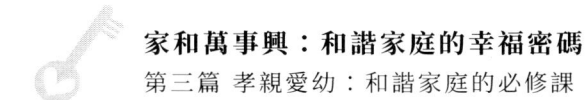

和諧密碼

老人的多疑和悲觀往往使他們的生活習慣和思維習慣形成惡性循環。而懂得從平淡的生活中發現和感受到美好，是擺脫這種惡性循環的關鍵。如果子女們知道如何在日常生活中幫助父母做些小小的改變，並長期堅持下去，就會看到父母生活幸福感獲得提升。

請老人講故事

通常有好事的時候，有人分享會更幸福。老人一生的經歷是很豐富的，子女應多留些好奇心，讓父母分享過往生活中的美好事情，會使全家人都感受到更多的幸福。例如：可以請父母多講講他們跟好朋友的一些高興的經歷，讓父母講講他們喜歡去遊玩的地方，或者是聽他們講講他們喜歡的電影、電視等。

在這個過程中，老人會想像並且再現美好的一幕幕場景，隨之而來的便是開心、舒暢、滿足等。尤其對於老人來說，他們的生活經歷豐富，回憶美好的經歷越多，心情就會越好，精神狀態也就越好。

(1) 建立老人的幸福影集

大多數人的家裡都散落著很多老照片，我們可以花點心思把老照片收集起來，建立一個幸福影集，在裡面裝上父母喜歡的照片——他們最喜歡的親戚、朋友、地方、名畫等的照片。

我們可以時不時地跟父母一起翻翻幸福影集，自然就會有更多的歡樂的交流。但是不要過度，過度會產生「適應效應」從而減少幸福刺激。一段時間過後，我們還可以部分更新這個幸福影集。

(2) 讓相機為幸福生活服務

我們應學會合理使用相機，讓相機記錄老人和他們生活的點滴，成為享受生活的一個工具，這對於幫助老人提高幸福感大有助益。特別是每逢渡假出遊，或者休閒娛樂的時候，多幫老人拍照，會使他們的幸福感加倍。

(3) 享受感官帶來的快感

跟父母一起享受美食，或者看電影，不妨多做些準備，營造氛圍，並且多聊聊食物的美味和電影的情節，這樣能幫助父母享受當下。當下營造的幸福，一定要當下全心全意地享受，就算再平淡的生活，只要我們用心，也能給父母帶來幸福的體驗。

小叮嚀

每個人都會先天帶有一定的憂鬱基因。新的研究表明，憂鬱基因只有在激活的情況下才能表現出來。它的激活是需要一定條件的，也許離職的壓力可以激活它，而幸福的婚姻或者主動尋求幫助，主動發現生活的美好又可以壓制它。

不管基因給我們的生活做了哪些規劃，最終這些規劃的實現是由我們後天的經歷和行為決定的。

（四）婆媳關係，最微妙的家庭關係

家有煩心事

劉麗和李明宇結婚三年，上個月剛懷孕，小兩口高興得不得了。雙方的父母更是巴不得立馬抱上孫子。李明宇的媽媽隔三岔五地打電話詢問劉麗的身體狀況，還一直說要去照顧劉麗的生活，這讓劉麗心裡很溫暖。

很快，劉麗開始有了妊娠反應。由於李明宇做 IT 行業特別忙，家裡平時就劉麗一個人。李明宇實在不放心，就和劉麗商量著讓已經退休在家的婆婆過來幫著照顧生活。劉麗想著自己跟婆婆關係一向不錯，也就欣然答應了。

可是，誰也沒想到，這看似美好的安排，竟然使得劉麗陷入了婆媳關係的煩惱之中。而且，不高興的事情往往就在生活的小事中爆發。

一次，李明宇出門去幫他媽媽辦銀行卡，出去了兩個小時，卻汗流浹背地回來了。劉麗很奇怪地問道：「這麼久，辦好了嗎？」「沒找到銀行。」「那你兩個小時幹嘛去了？」劉麗很吃驚。「我在找銀行啊！」聽到這，劉

麗急了:「你鼻子底下長的那個是擺設麼?你是金口玉言嗎?你張嘴問問會怎麼樣嘛?」小兩口平時經常這麼說話,可這話在婆婆那裡聽了就不高興了。眼看著婆婆的臉就要陰下來了,劉麗沒敢再繼續這個話題。

第二天,劉麗去做產檢,吃午飯的時候,婆婆問檢查的結果怎麼樣,劉麗回答說醫生要她加強營養。婆婆聽完就開始叮囑劉麗要照顧好自己什麼什麼的,劉麗聽得有點委屈,撒嬌似地說了句:「我懷孕以來,一直都是自己做家務,他一點兒都指望不上,他還比我大兩歲呢,沒照顧好我。」婆婆聽到這裡,瞬間就黑臉了,什麼話也不說了,接著喝自己的粥,半天才放出一句話:「他能出去掙錢不就行了麼?有餓著你嗎?」一句話嗆得劉麗半天接不上話。

心理透視

婆媳關係看似難處,實際上源於兩個女人把愛灌注到了同一個男人身上

不管兒子是什麼樣的,對於婆婆來說,那就是敝帚自珍,這本無可厚非。所以,我們首先就要理解,為什麼大部分時候婆婆不容易喜歡上兒媳婦。

婆婆們認為自己的兒子是最好的,媳婦是運氣太好,才能找到兒子這樣的好人,媳婦能嫁給兒子簡直是上輩子燒夠了高香,這輩子就應該對兒子無微不至地關心。而現實是,媳婦不會把老公看得那麼金貴,她認為自己才是需要被照顧的。

在這樣的情況下,媳婦指責兒子,如果讓婆婆看到,心裡就會不舒服。這完全就是一種不需要經過大腦的、自然而然的情感反應。哪怕她自己都覺得兒子處理得不夠好,但她心裡已經在想著為兒子找理由和媳婦爭辯了。

婆婆就是婆婆,不是親媽;媳婦就是媳婦,不是親女兒

有人說:「只要媳婦把婆婆當成自己的親媽,就一定能處好關係。」可是,大家都有過跟自己親生父母吵架拌嘴的時候吧?火氣極大甚至想以後都不再見面的也有吧?但,是什麼在維護著這種親密關係的呢?那就是血緣關係,最自然、最親密的關係。

婆媳關係也可以處理得這樣好，但是我們如果忘記了婆媳關係首先是一種長輩與晚輩關係的話，定位發生混亂，就容易出問題了。

想像一下，下班回到家，嘗到不喜歡的飯菜，可以對媽說這魚味道不對，還有這湯怎麼樣怎麼樣。媽會說：「那你喜歡吃什麼，明天再去買，今天先吃著嘛。」對婆婆，你能張口這樣說嗎？強調婆婆是親媽的言論聽著溫暖，但是如果媳婦真的把婆婆和自己親媽來做個對比，可能心理落差就大了。

所以，婆媳關係難，是因為它很微妙。兩個女人都愛著同一個男人，當然很容易看對方不順眼。但是兒媳婦們也不要太擔心，如果自己定位準確，處理好婆媳關係就成功了一半。

和諧密碼

相互尊重與諒解

婆媳雙方都要承認對方有獨立的人格和經濟權力，雙方之間的關係是一種平等的人際關係，而不是一種指揮與被指揮的關係。

我們的先輩在處理人際關係中所提倡的「設身處地」「己所不欲，勿施於人」等原則，就包含著諒解的思想，是處理人際關係的金玉良言，也完全適合於處理婆媳關係。

作為媳婦，要理解婆婆的心情。俗話說：「娶了媳婦，忘了娘」。在兒子結婚之前，婆婆是唯一與他關係最親近的女性。結婚後，這個地位被媳婦取代，婆婆很容易產生失落感，需要一定的適應期是很正常的。媳婦要注意婆婆的這種敏感的心態，可以透過一些日常的事情讓婆婆感受到自己在兒子心中的位置，比如有時候跟丈夫散步也帶上婆婆。

婆婆要正確看待媳婦的加入。作為父母，把一生的心血都傾注在了兒子身上，希望兒子生活快樂、家庭幸福。換個角度想一想，多了一個人來愛自己的孩子，兒子多了一個愛人，兩個人甘苦與共，當媽媽的應該感到高興才是。

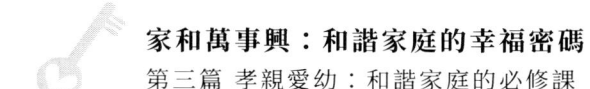

避免爭吵

當婆媳之間出現了分歧、產生矛盾時，雙方一定要保持冷靜。一方發脾氣時，另一方應克制自己的情緒，等對方情緒平靜之後再商討處理問題。我們知道，消極而強烈的情緒容易使人失去理性，導致衝突升級。而且爭吵還具有「慣性」，一旦因一點小事開戰，日後往往有事必吵。久而久之，雙方的成見會越來越大。因此，當一方情緒反應激烈時，另一方應保持冷靜與沉默，或者尋機迴避，等事態平息後再交換意見，處理問題。

此外，婆媳雙方平日有了意見，切忌向鄰居、同事或朋友傾訴。民間有這樣一句俗語：「捐東西越捐越少，捎話越捎越多。」說的就是「傳話」在人際關係中的不良作用。婆媳失和，向親朋鄰里訴說，傳來傳去，面目全非，只會加劇矛盾。

正確把握角色

要謹記自己的角色。雖然結了婚，要將從前的稱呼從「伯母」改口為「媽」，但是不要以為就可以把婆婆當成親媽一樣對待。如果對婆婆產生親媽那樣的期望，那是不理智的。

親生母女之間可以沒大沒小，不論是開玩笑、惡作劇也好，還是有了爭執也好，畢竟不會真的影響血緣親情。但是婆婆就不一樣了，你可以小小地撒嬌，但是絕對不能任性耍脾氣。一旦出現了矛盾，很可能就會讓婆媳關係降到冰點，縱然隨著時間的推移，情況可能會有所緩和，但是心裡是不是完全沒有芥蒂，還能不能和好如初就很難說了。

婆媳關係融洽的最重要因素在於兒子。兒子會協調處理婆媳關係，家庭才會團結和睦。

小叮嚀

寫給媳婦的「婆媳關係九原則」

(1) 孝敬婆婆是應該的，不要有牴觸情緒。

(2) 不要在婆婆面前和老公過分親熱。

(3) 涉及婆家時，要照顧老公的情緒。

(4) 不要在婆婆面前使喚老公。

(5) 即便是表面功夫，也得做足了。

(6) 留點時間聽婆婆嘮叨。

(7) 醜話說在前頭沒有什麼錯。

(8) 過去的事就讓它過去吧！

(9) 換位思考。

（五）婆媳親疏，兒子有責

家有煩心事

小玲懷孕了，公婆商量好了來看她，結果來了不到兩週，她就和老公爆發了一次戰爭。

第一個星期的小事情就給婆媳關係埋下了隱患。小玲的公婆每天早上起床很早，可是小玲自從懷孕後就愛睡懶覺。有一天，小玲的婆婆跟小玲老公說小玲起得太晚。老公批評了小玲，這讓小玲心裡不是很高興，想著懷孕了老公還這樣不體貼，第二天就故意睡到了十點多。

「戰爭」真正的爆發仍然是因為一件小事。

一開始是小兩口拌兩句嘴。起因是小玲看到家裡衣櫃長霉了，就讓老公擦一下。結果老公卻說：「今天覺得好累了，改天再擦吧。」小玲聽著就有點著急，說：「過兩天霉都長滿了，衣服都沒法穿了，我要不是懷孕了，至於讓你擦嗎？」小玲一頓，又說：「讓你媽不要在房間裡晾衣服，這推開陽臺門就是院子的，她非得在家晾，我都跟她說這裡潮濕了。你看這晾了衣服家裡地上都有水，也不怕我摔一跤。」

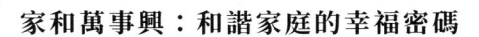

說著說著，小玲老公就煩了，把衣櫃門「呼」的一聲摔上了。聽著動靜，婆婆推開房門，劈頭蓋臉就教訓小玲：「我是看出來了，你這就是在攆我走，你這就是做給我們看的。」

小玲氣得渾身發抖，心想：就這麼點事至於上綱上線的嗎？於是，她衝到客廳跟他們辯解起來。這一下就捅到馬蜂窩了，婆婆一句話：「這些事情，在我們家從來就是媳婦做的，你看我兒子條件這麼好，要人品有人品，要才幹有才幹，要長相有長相，要身材有身材，他看上你了，你自己就該知足，還要他來照顧你！他要是願意，隨便找一個都比你強……」

說完，婆婆扭頭就回自己房間去了，老公還跟去安慰了好長時間。晚上十一點過後，小玲的老公回房，一句話也不說，洗漱完倒頭就睡。小玲看著老公的背影，十分難過傷心，卻不知道該說些什麼。

心理透視

婆媳關係的本質是婆婆、媳婦、兒子的三角關係

婆媳關係是我們中國人談論家庭話題時的熱門話題，我們常常說這是兩個女人的鬥爭。其實，我們忽略了一個本質——婆媳關係並不是婆婆和媳婦的二元關係，而是一個三角關係。而且在這個三角關係中，最核心、最重要的影響因素並不在婆婆和媳婦這兩個女人身上，恰恰在這個集兒子和老公雙重身分於一身的男人身上。

中國人習慣在結婚後，媳婦嫁到男方家，或者是把男方的老人接來和夫妻倆一起生活。在第一種方式裡，媳婦就是男方家庭的「外來人員」，她一開始就面臨著融入新的大家庭的壓力。在第二種方式裡，婆婆也理所當然地認為自己是這個家庭的主人。

但是，在現代社會中，女性和男性一樣要承擔經濟壓力，一樣要為家庭奔波。時間一久，特別是在有小孩後，媳婦擁有的家庭資源越來越多，她認為自己才是這個家庭的主人。如果婆婆依然要做主的話，特別是想要繼續影響兒子的話，這兩個女人之間的關係就很危險了。

在中國，特別是在女性的觀念中，親子關係是核心，排位往往在夫妻關係之前。在這種模式下，婆婆心中的母子關係必然大於小兩口的夫妻關係，而對於新婚的妻子來說，丈夫就是生活的重心。

這樣一來，兒子一旦結婚，就意味著做媽媽的將失去自己最重要的情感寄託。大家在一個屋簷下生活，表面上看著媳婦管婆婆該叫媽，婆婆也覺得多了個女兒。但實際上，很少有婆媳能真心實意地覺得這種關係能跟親媽親女兒一樣。在這種情況下，婆媳矛盾一旦爆發出來就難以收場。

和諧密碼

兒子和媽之間的事情千萬別扯上媳婦，兒子和媳婦之間的事情也千萬別扯上媽。

關於婆婆公公的事情，兒子要出面說，不能讓媳婦插手，即使主意是媳婦出的。兒子不要期待媳婦把你媽真的當媽一樣愛；給媳婦和自己保留私人的空間和時間，不要凡事都告訴媽媽；兒子需要花時間單獨和媽媽相處，滿足媽媽的愛心；儘量少給婆婆說媳婦的事情，減少挑剔的可能性。

婆婆有了煩惱，就找兒子訴說；媳婦受了委屈，要向丈夫傾吐。在這種情況下，做兒子的倘若只聽一面詞、信一面理，偏袒一方、指責另一方，那就是火上澆油，使矛盾加劇。做兒子的只有一碗水端平，既不使母親感到失望，也不讓妻子有苦無處訴說，才能緩解婆媳矛盾。

遇到婆婆數落媳婦的不是時，作為丈夫要儘量替媳婦承擔責任，緩和氣氛。若是遇到媳婦訴苦，則宜向她多做解釋，多安慰她，要她看在夫妻情分上原諒老人，讓她消去怨氣。只有兒子充當調解人，做好緩衝工作，婆媳關係才能日益好轉，家庭和睦才可能實現。

當媽媽到兒子家裡來，假如媽媽想要做一個總管，身為兒子的，不妨主動和她做「鬥爭」。因為這樣可以給媽媽一個觀念：媽媽到了兒子的家，兒子和媳婦是主體。同時，老公也要影響媳婦，要她學會調整自己的心態，畢竟沒有婆婆，就沒有自己的老公，你愛你的婆婆，是因為你愛你的老公。婆婆要管家，就交給她管，管一段時間後，她就會明白年輕人其實也不容易。

當媳婦和婆婆的正面衝突爆發的時候，男人要衝在最前面，澆滅戰火。男人是婆媳關係的潤滑劑，好好利用這個雙重身分，因為母親永遠不會真正生兒子的氣，媳婦心中最愛的人也是你。一旦婆婆和媳婦的矛盾激化，殘局就很難收拾，最終倒霉的還是男人自己。

小叮嚀

聰明男人處理婆媳矛盾「四部曲」

(1) 千萬別說誰有錯；

(2) 一定要分開勸說；

(3) 拿出一家之長的威儀；

(4) 轉移注意力，讓婆媳二人一致對「外」。

（六）長輩的退休生活需要子女協助規劃

家有煩心事

春節前，張媽媽終於要從單位退休了。這天，部門主管專門在部門每週的例會上給張媽媽安排了一個退休歡送儀式，還準備了禮物。在一片祥和的氣氛中，張媽媽離開了她服務了幾十年的工作崗位。

兒子擔心媽媽一下子失去生活重心，會覺得無聊，於是把接小孩放學的任務交給了張媽媽。這下張媽媽的生活也算是有規律了。每天早上起床，張媽媽吃過早飯後就去市場買菜，回家做飯。中午過後，睡一覺，起床看看電視，然後就等著去幼兒園接小孫子回家。

剛開始張媽媽也覺得這樣的生活挺舒適，可孫子升入小學後，不用張媽媽天天接送，張媽媽便覺得無聊起來，因為她每天大部分時間只能是看電視。「人老了還能有什麼盼頭呀，瞎過唄！」張媽媽看似幸福的生活，其實已經不再充滿意義。

兒子急在心裡，想著為張媽媽找些什麼事情做，可平時她又沒有什麼愛好，也不喜歡在外面溜躂。最後兒子靈機一動，勸張媽媽學打麻將。

張媽媽不學則已，學會了居然還上癮了。打麻將並非純粹的娛樂，會有些小錢的輸贏，雖然不多，但是輸了也就想著贏回來，贏了就想著更多的，總是沒個節點。張媽媽總算是忙碌起來了，甚至經常打麻將熬夜到一兩點鐘，還樂此不疲。

這下兒子又急了，又勸張媽媽要少打麻將。可是張媽媽悶在家就說身體不舒服，像是生病了一樣有氣無力。一坐到麻將桌前，就精神抖擻起來，什麼不適感都沒有了。自然而然，張媽媽就忍不住常常往社區麻將室跑。

不知不覺，張媽媽在「麻海」裡泡了一年。此時，她的後背竟然有些駝了，有時候還感到頭暈眼花的。這下兒子真正擔心起來，勸著張媽媽去醫院檢查。可張媽媽嫌麻煩就是不肯去，一來二去地，小張也只好不聞不問了。

一天，張媽媽聽到一個令人震驚的消息，和她一同退休的同事老李癱瘓了！原來，老李也是迷上了打麻將。有天晚上，老李手氣不好，連連輸錢，心情極為不好，已經12點過了都不肯回家。後來他終於贏了一局，正準備站起來上洗手間，誰知就在他站起來的那一剎那，竟然跌倒在地，在場的麻友馬上撥打119急救電話。檢查結果是老李因為勞累過度引發了腦溢血。幸好搶救及時，撿回了一條命。

得知這個消息，張媽媽開始緊張起來了，想到自己這一年身體的變化，不禁心有餘悸。可是她只要不打麻將就無聊得渾身不自在，坐在麻將桌旁又擔心自己也會跟老李一樣。這時，兒子也後悔勸張媽媽打麻將了，但是現在不讓她打，又不知道怎麼辦，真是左右為難。

心理透視

老人退休後，依然閒不得，否則清閒的生活會讓他們產生以下幾種消極的心理，變成隱形的「定時炸彈」。

冷落遺棄感

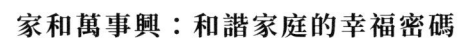

有的老年人退休後，覺得失去了工作的承擔，失去了權力的運籌。生活中不再是迎來送往，沒有了往日的熱鬧，覺得不能再在職權的舞臺上展示輝煌，甚至心裡產生一種人走茶涼的冷落感。這種失落的心理如果久久不能釋懷，就會使他們自尊心受損，讓他們感到如同被社會拋棄一般。

累贅包袱感

「多疑」雖然不專屬於老年人，但老年人確實更容易多疑。特別是有的老人本就生性多疑，常常感到自己有心無力，不能再發揮價值。更有甚者，有些老年人認為自己是子女的包袱和累贅，覺得活著就是混日子，是一種煎熬，久而久之，就容易產生悲觀和抱怨的心態。

懷舊回歸感

有的老人在退休後，一時間找不到寄託，便多愁善感，留戀過去。這些老人常常沉湎於過往的記憶，表現出程度不同的懷舊情結。有過多坎坷經歷的老年人，其思緒會集中於過去艱辛的生活，睹物思人、愁緒綿長；而有的經歷過戰爭的老人，則會因為戰爭的殘酷和戰友的悲慘往事而傷感，無法開懷……

幫助老人享受充實而快樂的晚年生活，進行休閒規劃

對老人開展休閒規劃，通俗一點說就是教會老人們明智地、個性化地安排休閒生活，充分發揮他們自己的價值，不斷提高他們的休閒生活質量。

休閒教育是適應老齡化社會的必然需要。當前，中國正在進入老齡化社會，我們身邊不少人一退休就覺得空虛、無聊，又沒有任何愛好和休閒技能，反而覺得退休的日子不好過。一些空巢老人，更是孤獨難熬。

另外有一項調查顯示，城市老年人的閒暇時間主要用於看電視、打麻將和三閒（閒呆、閒聊、閒逛），可以說，低層次的休閒娛樂方式占據了他們生活的主要位置，而用於讀書、技藝創造、藝術欣賞、體育運動等休閒活動的時間不足 5%。

這樣的情況太常見，甚至使年輕人也認為這是老年人的正常生活內容。如果老年人自己沒有意識到這是錯誤的，還可以理解。如果年輕人也認為這樣的做法已經是很美滿的，那實在是不知道未雨綢繆，這才使得像張媽媽這樣的煩心故事在很多家庭屢屢出現。

和諧密碼

做子女的要讓老人的退休生活過得充實、美滿、有意義、有價值，最好是未雨綢繆，主動幫助老人規劃退休生活。那怎麼做呢？無非是物質和精神兩個層面。

物質層面自然不必講，沒有基本的物質保障，一切都是空談。關於如何保障老人的物質生活，相信我們大家已經有共識了，這裡主要談談在精神層面應如何幫老人規劃好退休生活。

說到精神層面，我們大可不必覺得高深。其實只要引導老年人做到以下兩個因素（至少一個因素），就可以極大地幫助老人享受退休生活。

其一是適度的運動。老年人運動，一是為健康，二是為和諧。「動」有很多種，日常生活中有很多方式值得年輕人推薦給老人，比如快走、慢跑、游泳、做操、打太極、跳舞等。如果老年人在開始階段自己不想動，年輕人還可以帶老年人一起參加，或者陪同他們前往。

其二是保持學習。「活到老，學到老。」學習使老人更積極、更幸福。因為學習能使老年人擁有健康積極的心理，從而幫助老年人擁有讓自己快樂的積極的力量！這就是為什麼現在老年大學報名火熱的一個主要原因。

學習讓老年人生活充實豐富的第二個原因是，學習會使老人跟上時代的潮流，與社會發展同步，享受到電腦、網路、雲端計算、無紙化社會等新事物帶來的樂趣。

小叮嚀

老年大學讓七旬老太變潮人

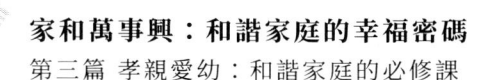

今年 70 歲的王奶奶退休前在醫院工作。去年，老人的兒女給老人報了老年大學的電腦班。「剛開始學的時候，困難特別多，我不會注音，光練打字就下了很大功夫。」她說。如今，王奶奶學會了打字和上網，而且學會了運用各種電腦軟件進行創作。「我今天剛好做了一個有許多美圖的幻燈片，準備上課時給我同學們展示。」王奶奶說到這裡，滿臉洋溢著得意和滿足。現在的王奶奶是電腦班的班長，日常生活十分充實，有時還在家裡跟兒子視頻在線討論 PPT 的製作，儼然一個潮人老太太。

（七）老小孩難管也要管

家有煩心事

凌晨 2 點多，暗夜的寧靜中，58 歲的李大媽跌跌撞撞走入了自家房後的竹林之中。幾分鐘之前，由於和老伴吳大伯發生爭吵，怒火難消的李大媽吞下了老鼠藥。

「我媽媽剛吃了老鼠藥，把自己反鎖在廁所裡，還砸破窗戶跑到竹林裡去了。」當天凌晨，派出所警察接到吳先生的報警電話。

接警後，10 多名警察分成三組迅速趕到事發地點，並立即對房屋周圍進行搜索。幾分鐘後，一路警察在吳家屋後 100 多公尺外的竹林中發現了已經昏迷倒在地上的李大媽。警察立即將李大媽送往醫院搶救。所幸的是，經過搶救，李大媽脫離了生命危險。

警察隨即和報警的吳先生通了電話：「你媽媽我們找到了，現在正在醫院，趕緊回來勸勸老人家，別再做傻事了。」

據 60 歲的吳大伯描述，前一日凌晨，老兩口因為家庭瑣事大吵了一架。老伴趁他不注意，突然找來了一包老鼠藥伴著冷水服下，「為了不讓我去救她，她將自己反鎖在一樓的廁所，我怎麼敲門都不開，後來又聽到砸窗戶的聲音……」吳大伯連忙打電話通知兒子。

吳先生連夜趕到縣城，看到病床上的母親涕淚俱下。警察對吳先生說：「二老不管有什麼矛盾，都要好好勸勸，做兒女的要多陪陪老母親，多開導開導她，幫她解開這個心結。」

吳先生在城裡上班，平時工作很忙，很少回家。吳先生說，老兩口年紀大了就易動怒、易傷心。本來以為老年人就跟「老小孩」似的，平時老兩口生活中也難免拌拌口舌，都是一些小事情，並沒有感情上的問題，鬧一鬧、賭賭氣也就過去了，沒想到還出了這麼大的事。

心理透視

老年人變成「老小孩」有生理方面的原因

老年人大腦的重量比青年時期減少 6.6%～11%，大腦表面積比年輕時減少約 10%，腦神經細胞減少 10%～30%。人的理性是由額葉部分控制的，額葉位於大腦供血系統的遠端，是大腦最後發育的，同時也是最先衰退的部分。老年人越來越感性，和額葉功能的衰退有一定的聯繫，所以小孩和老人的大腦，一個是發育不成熟，一個是腦退化，在功能上有相似之處。

特別是有些老年人因為腦動脈硬化、腦栓塞等原因造成腦供血不足，腦組織軟化、壞死、大腦皮層萎縮等，使智力和邏輯思維能力降低。所以，老年人隨著年紀增大，常常出現情緒化、任性等跟小孩一樣的思維和行為特徵。同時，由於大腦的生理變化，老年人的腦力勞動能力降低，易疲勞，易失眠，記憶減退。

「老小孩」也有可能源於心理上的情感不滿足

現在，有些老年人「返老還童」是因為總感到缺失愛、缺少關心。他們表現出像小孩一樣的情感，一會兒也離不開親人，甚至學小孩說話來「取悅」身邊的人，這些表現其實都是對愛的呼喚。

這樣的老年人在外人看來可能並不缺少被關心的體驗，但他們的內心總感到不滿足。別人稍有疏忽就被他們理解為自己不再受重視了，於是心情低落。而當他們把自己變成「老小孩」的時候，他們身邊的親人、朋友就會將

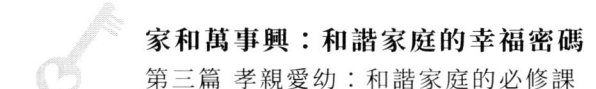

注意力放在他們身上，久而久之就會強化他們這種「老小孩」行為，也使他們傾向於更多地扮演小孩來得到別人的關注和愛，以便填補自己情感的缺憾。

還有另一些老年人，他們扮演小孩的行為可能正好符合了親人的心理需要，於是情願當「老小孩」以得到更多的照料和關愛。久而久之，老年人在家裡承擔的責任也會越來越少，使得家庭成員間出現責任分配不平衡的情形。

和諧密碼

飲食上讓父母吃走「老小孩」

蛋白質、鈣、維生素等都能減緩身體各項機能的衰老，我們要督促老年人根據自己的情況及時補充營養和能量，喝牛奶就是個不錯的選擇。

要注意「老小孩」現象有沒有出現認知受損

醫學研究證明，「老小孩」「老糊塗」不是老年人的正常生理現象，而是隨著年齡增長和各種慢性病長期作用導致的輕度認知損害。在65歲以上的老年人中，有16%～31%患輕度認知損害。

在這些患輕度認知損害的老年人中，頭一年有15%的人發展為阿茲海默症，2年後34%發展為阿茲海默症，3年後則高達57%發展為阿茲海默症。因此，輕度認知損害實際上就是阿茲海默症的早期階段，萬不可把「老小孩」當小孩而置之不理，延誤治療時機。

對「老小孩」不能過分縱容

子女和親朋好友不要因為自己的心理需要而「培養」和縱容老人當「老小孩」，不要認為只有這樣才是愛。尤其作為配偶，要考慮到如果你先辭世，你的另一半如何正常生活下去。

子女需要多陪伴老人，尤其是要關注老人的心理需要。站在老人的角度去考慮問題，像包容孩子一樣適當包容「老小孩」。

面對「老小孩」請耐心一些

不得不承認的是，我們長大了，和父母的世界也在漸行漸遠。因為觀點不同，很多話我們更願意對同齡人說，和父母反而越來越沒有共同語言。

耐心，這幾乎是對每位子女最大的考驗。前段時間，網上有篇「對爸爸媽媽說過的不耐煩的9句話」的貼文，說的也是對父母耐心的問題。

「好了好了，我知道，真囉唆」「有事嗎，沒事我掛了」「說了你也不懂，別問了」「你們那一套早就過時了」……這些話幾乎成了我們和父母對話的口頭禪，但很傷人。

有時候看到他們變遲鈍，我們真的很著急。可很多時候，話一說出口轉眼就後悔了。請一定記得，當父母老去，會越來越不懂年輕人的世界，所以請對他們多一點耐心，就像小時候他們對我們那樣。

小叮嚀

嚴防老年輕度認知損害

輕度認知損害是一種後天形成的認知損害，它沒有顯著的日常生活活動能力障礙。輕度認知損害不是以記憶等損害為特徵，而是以失語或情緒障礙為表現。如果任由輕度認知損害發展下去，可變為血管性痴呆、阿茲海默症、帕金森痴呆或語義性痴呆等。

臨床研究結果顯示，西方國家大於65歲以上人群患輕度痴呆在10%左右，中、重度痴呆占5%左右，其中絕大多數是由輕度認知損害轉化而來。

中國已經進入老齡化社會，目前大約有600萬阿茲海默症患者。阿茲海默症患者給家庭和社會帶來的巨大經濟壓力和照料負擔可想而知。因此，積極治療輕度認知損害，對預防阿茲海默症具有重大意義。

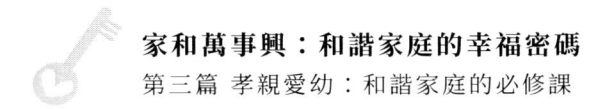

（八）管教孩子，（外）祖父母是配角

家有煩心事

韓大媽的兒子小李一年前外出打工，她和老伴以及兒媳、孫女生活在一起。時間一長，韓大媽和兒媳之間就有了矛盾，矛盾的焦點在於如何教育孩子。

孫女今年5歲，除了上幼兒園外，她還在學習舞蹈和英語。可是孩子並不喜歡，每次出門總會哭鬧，因此韓大媽總是數落兒媳：「孩子這麼小，你難為她幹啥？」兒媳也毫不示弱：「你們懂什麼，光知道嬌慣孩子。」

此類事情經常發生，使得婆媳間的矛盾也越來越深。

一個星期天，孫女好不容易可以睡個懶覺，兒媳卻吵著讓孩子起床去上舞蹈課。眼看快遲到了，孩子還是哭著鬧著不願穿衣服。一時氣惱之下，兒媳打了孩子兩下，孩子的哭鬧聲驚動了老兩口。

「你憑什麼打孩子？孩子犯了什麼錯？」「我的孩子，你們管不著。」就這樣，一家人吵得不可開交。

第二天，老兩口便收拾東西，帶著孩子離開了家。

小李在電話中瞭解家裡的情況後，馬上感覺到了問題的嚴重性。

小李給老兩口打電話緩和氣氛，老兩口態度堅決，不願和媳婦見面。小李只得對媳婦勸說：「我在外面掙錢不容易，誰也不是故意的，都不想生氣，以後多理解多體諒一點吧。」

媳婦也明白老公的不容易，答應去給婆婆公公低頭道歉，可是這樣的事情誰能保證以後不發生呢？

心理透視

除了兩代人之間的交流障礙外，隔代教育與親子教育的矛盾才是根源

二、別錯用了愛的名義

年輕人賺錢，老人帶孩子，這是當代大部分家庭的情況，這在客觀上導致隔代教育成為一種普遍現象。造成這一現象的主要原因在於現在的生活節奏越來越快，工作壓力越來越大，年輕的父母為了生活而忙碌，缺乏時間和精力來照顧孩子。

現在的年輕父母多是「80後」，爺爺奶奶、外公外婆們由於觀念相對傳統，生活方式和育兒理念與年輕的「80後」父母們多少有些差別。而「隔代親」特有的溺愛，對孩子的身心發育難免會造成或多或少的影響。

「孩子不親近我，總愛跟爺爺奶奶在一起。晚上抱過來跟我睡，她醒來就哭著要爺爺。平常只要不順她的意，孩子就說媽媽是壞蛋，討厭媽媽。」李女士經過仔細觀察後發現，孩子之所以這樣，是因為老人對孩子非常溺愛，而自己對孩子相對嚴厲。說起孩子的很多不良習慣，李女士認為是公公婆婆慣出來的，但她對女兒哄也不行，打也不行，「我一打罵孩子，老人就給我臉色看，跟我生氣發脾氣。」

兩代人觀念差異的關鍵在於對孩子的關注點側重不同。

老人關注得更多的是孩子休息好不好，身體健不健康，生活高不高興；父母更關注孩子在同齡人中的位置，以及為孩子將來所要面對的激烈競爭做準備。

其實這兩種關注沒有對錯之分，都是小孩需要注意的，問題是如何協調好。小孩首先是父母的，遇到想法發生衝突，應該首先聽孩子父母的。如果老人當著孩子的面與孩子父母發生衝突，實際上是對小孩極不好的示範。如果老人為了迴避和孩子父母的觀點差異，對著孩子父母是一套，背著孩子父母又是一套，對小孩更是一種反面的教育。

所以，在教育子女的問題上，爺爺奶奶首先要擺正位置，他們是配角，不是主角。

以孩子上才藝班為例，大多數老人會埋怨，本來學校的作業就多，放學在家要好好休息，自己的孩子小時候沒這麼辛苦，現在不照樣過得挺好？而

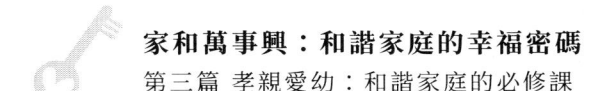

父母則覺得，現在競爭壓力大，孩子不能輸給同齡人，現在學習辛苦些，以後才會相對有優勢。

和諧密碼

兩代人統一思想認識，求同存異

年輕一代和老一代在子女教育問題上觀點的顯著差異，其實是非常正常的。

兩代人首先要明白，他們的目標是完全一致的，爺爺奶奶要相信父母是最希望看到子女成才的。對於爺爺奶奶對孫子孫女的疼愛，即便過分一些，子女也要儘量平心靜氣，多一些溝通。只有統一認識，才能避免在孩子面前暴露分歧，防止他利用這種分歧要挾父母或者祖輩，進而引發更多的問題。

理智控制感情，避免隔代教育的陷阱

祖輩在養育孩子時最好用理智控制感情，分清愛和溺愛的界限，要愛得適度。在孩子性格形成的關鍵時期，如果祖輩對小孩溺愛教養，就會不可避免地落入隔代教育的陷阱，成了小孩獨立人格形成的「絆腳石」。

父輩也是如此，要權衡自由與規則之間的界限，不能給了自由而缺乏規則。否則，沒有規則的環境並不能幫助寶寶獲得更好的發展。相反，一個缺乏規則的環境反而會帶給寶寶更多的不安全感。

祖輩育兒固然有其時間和空間上的優勢，但在育兒觀念和育兒方法上難以擺脫傳統思想觀念的束縛。況且，孩子對父母的依戀感和安全感是一種天然的情感關係，誰也無法取而代之。小孩人格的形成，與幼年時期感受到的父母的愛息息相關。在小孩性格發展的關鍵時期，祖輩要認識到父母才應該是培養小孩天然的主角。

所以，祖輩在養育孫輩時，關鍵是如何用其長而避其短，合理定位，做到不錯位、不越位，樂於當配角。

父母應承擔必要的責任，不能出了問題找老人

年輕父母有難處，爺爺奶奶們也有苦衷。父母首先要認識到自己的重要性，主動承擔為人父母的責任，不能過分依賴自己的父母。

孩子的成長是不可逆的，一旦錯過就不能再來。年輕父母不管多忙都要儘量多抽時間與孩子在一起，不要以忙為藉口，把對孩子的教育和撫養完全交給祖輩。

加強聆聽和理解，多溝通避免衝突

有些事情孩子的父母要多聆聽老人為什麼要這樣做，有何優劣，並從源頭抓起。多管道、多方式地溝通，避免產生正面衝突。祖父母認為父母沒有經驗，所以對父母的做法感到質疑。父母可以用事實證明，也可以透過身邊人的交流間接影響祖輩。例如多與祖輩的好友交流，傳播育兒知識，再透過他們將育兒知識教給祖輩的間接傳播方法，往往能取得更好的效果。

小叮嚀

隔代育兒培訓班

據調查，沿海城市裡一些知名早教機構的「育兒課堂」裡80%的「學生」並不是父母，而是爺爺奶奶。隔代育兒培訓班又叫「爺爺奶奶培訓班」，是城市裡興起的培訓班，專門傳授爺爺奶奶、外公外婆培養和教育孫子孫女的新的教育理念和培育方法。

「爺爺奶奶培訓班」的出現是一件好事。這些「爺爺奶奶培訓班」一來能讓老年人更好地理解現代父母的教育觀念，能與年輕父母更好地溝通；二來也確實讓老人能繼續學習，讓他們的晚年生活會更幸福，何樂而不為！

第四篇 睦鄰友愛：和諧家庭的配樂

第四篇 睦鄰友愛：和諧家庭的配樂

　　一個和諧的家庭，從縱向關係來說，就是尊老愛幼，父母慈，兒女孝；從橫向關係來講，就是夫妻相愛、親朋互助。因此，除了家庭內部關係外，搞好與親朋好友、鄰居同事的關係也十分重要。和諧的家庭人際關係，能讓人工作順心、生活愉快；而不和諧的家庭人際關係，不僅會讓人產生不良的情緒，更會成為破壞家庭和諧的潛在威脅。

　　「積愛成福，積怨成禍。」我們應該以包容、開放的態度，永懷感恩之心，善待身邊的每一位親朋好友，攜手共建美好家園。

（一）有禮有節，親人更親

家有煩心事

　　娟子是個漂亮而溫柔的城市女孩，大學畢業以後，她和同班同學小劉結婚了。婚後，小兩口很恩愛，小劉對娟子是言聽計從、百依百順，娟子覺得自己是世界上最幸福的人。可是，最近一個月來，娟子卻越來越不想回家，不是在辦公室磨磨蹭蹭不願意下班，就是在自己父母家不願意離去。即使回到家，也總是拉著個臉，不願意說話。原因沒有其他，就是因為小劉老家的親戚又來了。

　　小劉是從農村走出來的大學生，家裡比較窮，大學期間的學費都是父母從親戚那裡借來的。由於父母的身體不好，小劉又遠離家鄉，家裡的農活兒都是親戚們幫著幹的。現在，小劉大學畢業了，又在城裡某大型企業上班，親戚們也覺得挺有面子的。有一次，小劉舅舅的小孩生病了，讓他幫忙找醫生看病。由於舅舅一家對小劉幫助最大，小劉自然不會怠慢。他領著舅舅一家人到各大醫院找最好的醫生。舅舅的小孩看完病剛回家，姑姑又犯了胃病，來到城裡讓小劉帶著去醫院看病。從小劉上班至今，老家的親戚們就不斷來找他幫忙，不是幫著找醫生看病，就是讓他幫著找工作……

　　剛開始的時候，娟子很熱心，跑上跑下，還讓自己娘家人幫忙找門路。但隨著親戚們來的次數越來越多，時間一長，娟子的熱情逐漸減退了，後來

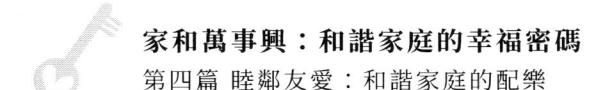

乾脆是沒有好臉色，不願意和小劉老家的親戚說話。每次親戚離開後，夫妻倆都要大吵一架，冷戰好幾天。

對此，小劉也很無奈。不讓親戚來吧，他拉不下臉、張不開嘴，畢竟人家都曾幫過自己，可是親戚總來，要求越來越多，甚至有些遠遠超出了小劉的能力範圍，妻子也老生氣，總是和自己吵架，這樣影響夫妻感情，長久下去也不是個辦法啊！

心理透視

別讓親戚關係影響了家庭關係

親戚關係是一種很微妙的關係，說親，一般親不過家人；說疏，一般疏不過陌生人。親戚就是一個家庭以血緣關係和姻緣關係為中介延伸開去的一個大家族關係。

既然我們無法擺脫各種親戚關係，那就必須正視並處理好這些關係。隨著社會形態和人們生活方式的改變，傳統的親戚關係也有所變化。我們會發現親戚越多，相聚越少、越難。因為歷史原因、家庭原因、個人原因，越來越多的親戚散居各地。雖然過年吃團圓飯的習俗仍在，可真正團圓的人卻有減無增。年紀越大，越重視親戚關係，但是年輕人與親戚之間的感情依賴和互動已經遠遠不如和同學、同事，甚至鄰居間的感情交流。還有一些親戚，「一人入城，眾人來奔」。投奔的那些人中，有的是血親，有的甚至是八竿子打不著的人，也許根本就只是老鄉。更有甚者，是只談利益、不談感情的親戚。

和諧密碼

不管是哪種親戚關係的存在，這種關係的妥善處理都有助於家庭和諧

親戚間只有有年齡、輩分的差別，而不應有門楣高低之偏見。窮親戚往往比較敏感，有自卑和謹小慎微的心理，他們有事相求必定是經過一番心理掙扎，不要挫傷他們的自尊心。不管是哪一方的親戚生活有困難時，都應盡力相助，做到「富不自貴」。

親戚之間雖然有親疏之分，但不能表現得過於直白。對自己的父母、兄弟姐妹好，對愛人的父母、兄弟姐妹卻另眼相待，這是很不妥當的。在親屬之間，人為地搞「親」和「疏」，就會造成家庭不和、親戚不滿。

如何與親戚打交道，各家有各家的習慣和章法。但從一般意義上說，親戚關係無論遠近親疏，都應該恰當處理。

(1) 不以貴賤認親戚

在親戚交往中，攀富結貴、嫌貧愛富的現象比較常見。有的人家對富有的、權大的和社會地位高的親戚常獻殷勤，而對家境清貧的、無權的和社會地位低下的親戚則十分冷漠，極少主動來往，這是落後的等級觀念在人們頭腦中的折射。交人要交心，親戚之間又何嘗不該如此呢？人應該是美好心靈的使者，而不應該是金錢與權力的僕人。在富貴的親戚面前應自尊自重，絕不要低三下四；在貧窮的親戚面前也應熱情正直，絕對不要不屑一顧。

(2) 不給親戚添麻煩

現在不少人辦事到處拉關係走後門，其中親戚關係是走後門的一種重要的途徑。當親戚之間的交往發展到這種地步時，應當正常發展的親戚關係已經受到社會歪風的汙染，必須盡快「剎車」，使親戚交往回歸到正道上來，否則親戚各方都會受害。

(3) 不要臨時抱佛腳

有些親戚之間奉行的是「老死不相往來」的方針，這是很不妥當的。當然，有的親戚「無事也登三寶殿」，大家在一起並無多少正事只是聊天。這對於一些珍惜時間的人來說確實是不小的損失，他們不想拜訪親戚是可以理解的。但凡事不可推向極端，如果忙得三年五載也沒空與親戚見上一面，這也太過分了。逢年過節拜訪親戚，大家談談生活、學習和工作，也是一件樂事。何況每個家庭都可能發生某些困難，這時親戚常常成為幫人渡過難關的重要力量。

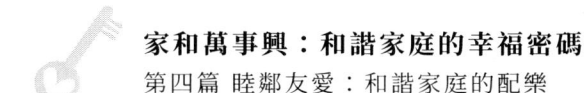

家和萬事興：和諧家庭的幸福密碼
第四篇 睦鄰友愛：和諧家庭的配樂

小叮嚀

良好的親戚關係，貴在以情相待、互相尊重、平等對待、一視同仁，切不可斤斤計較

《鹽鐵論·毀學》中有這樣一句話：「君子懷德，小人懷土；賢士殉名，貪夫死利。」意思是說作為君子，不要像小人一樣太貪戀那點蠅頭小利。用通俗點的話來說，就是不要太斤斤計較。

朱德在年輕的時候就特別重視與親戚的關係。平時他總是為親戚解決些困難，從不計較個人得失。親戚們對他的印象非常好，彼此間的關係相處得非常不錯。

朱德年輕力壯，很有幾分氣力。在每年的農忙季節，他總是很快地就把自家的農作物給收完了。而這時，朱德並沒有因此而停下來休息，他總是跑到其他親戚的地裡去幫忙。這樣一天下來，總累得他腰酸腿疼。可第二天，他又拿起工具，繼續去親戚的地裡幫忙收農作物，卻從沒有喊過累，也沒有抱怨。

有一次，朱德跑到一個表叔家去幫忙收農作物，可這個表叔卻是一個疑心病特別重、很小心眼的人。看到朱德來幫忙，就懷疑他要趁機偷自己的農作物，所以在朱德幹活時，就不時地監視他的行動，特別是朱德要走的時候，還要偷偷地打開朱德帶來的放工具的筐子，檢查是否拿走了什麼東西。這一切朱德看在眼裡，微微笑了一笑，然後說道：「表叔，活幹完了，我走了，我媽等我回家吃飯呢！」說完，背起筐子，揮揮手走了。表叔看到這一切，慚愧地搖了搖頭，心裡不由得暗暗欽佩。

不斤斤計較，這就是朱德與親戚能處好關係的最根本原因。不計報酬幫助別人，幫助別人也不聲張，好心相幫，即使被疑心也不抱怨。他如此大度，深受親戚們的讚許，才因此和親戚們相處得很好。

（二）遠親不如近鄰

家有煩心事

　　節日前夕，在平房大院裡住了大半輩子的張先生終於搬進了新居。心情不錯的他也正想藉這個時機，向樓上樓下的鄰居問個好，結識一下。可是當他樓上樓下走了一趟後，心情也隨之降到了冰點，鄰居們要麼是鐵門緊閉沒有反應，要麼帶著警惕的神情應酬兩句就匆匆關上了房門。這讓生性喜歡交際的張先生感嘆良久，現在的鄰里關係怎麼還不如大雜院時代呢？

　　而住在同一小區的吳女士現在也正處於緊張的鄰里關係中而不能自拔。因為長年上夜班的她，作息時間正好和常人相反，她是白天睡覺，晚上上班。可偏偏樓上一家有個3歲的寶寶特別淘氣，一到她睡覺的時候，就在樓上吵鬧。開始她還能忍受，可時間一長，她就受不了了。「白天睡不好，晚上上班時沒精神，主管總是批評我。」思來想去，她決定和樓上的鄰居談談。可能帶著點情緒，吳女士語氣有些生硬，結果說來說去就吵了起來。一來二去，矛盾也越來越激化。後來，經居委會調解兩家暫時相安無事，可吳女士失眠的毛病卻落下了，無奈她只有求助於心理醫生。

心理透視

別讓冷漠毀了鄰里關係

　　其實，和張先生有同感的人並不在少數。如今的小區鄰里關係已引起各界關注，有美國專家指出，引起自然死亡最主要的因素是老年人口集中，其次就是鄰里關係。

　　在網路論壇的「鄰居吧」裡，我們可以看到關於深受鄰里關係困擾的貼文比比皆是，甚至有貼文直白地起名為「想把樓上殺掉的人進來」，留言的竟然不少。細看其原因，基本都是當事人的樓上樓下或隔壁鄰居經常製造噪聲，導致當事人心情煩悶暴躁，從而引發對鄰居的極度不滿。而當事人向鄰居表達意見的時候又採用簡單粗暴的態度，一來二去使鄰里關係進入惡性循環。在根據現實題材改編的美國電視劇《CSI：犯罪現場》中也出現過類似

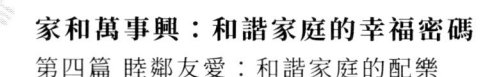

的情節：主人翁因不滿鄰居從自己家偷電而砍掉了鄰居的樹，鄰居看到樹被砍便開車撞死了主人翁的狗，於是主人翁悲憤之下謀殺了這個鄰居。雖然這種極端的情況在現實中比較少，但鄰里關係的冷漠畢竟會給生活環境的舒心程度打了一個很大的折扣。而造成現代社會鄰里關係普遍比較淡漠的原因在於以下三點。

一是居住環境的改變。高樓取代了四合院，人們都把自己關進「鴿子籠」裡互不來往，鋼筋水泥築起的空間讓人覺得互相之間越來越陌生。

二是隨著社會化程度的迅速提高，人們的交往範圍擴大，導致對鄰里交往的依賴性減弱。過去的人際交往圈子，基本上除了部門同事就是街坊鄰居，而且部門同事往往也是同一個社區大樓的鄰居。狹小的人際圈，決定了鄰里之間的相互依賴和密切關聯。現在隨著社會的發展，人際交往的範圍擴大了，鄰里關係卻逐漸疏遠了。

三是現代人生活方式和工作節奏的改變。過去的工作節奏相對比較緩慢，人們居家的時間比較多，重要的交往對象就是鄰居；而現在工作壓力大，很多年輕人還都是在外地打工租房子住，而且因為工作變動等原因也經常搬家，常常是還不知道鄰居的名字就又換了一個地方居住。

和諧密碼

拒絕與鄰居交往、跟鄰居較勁、交往過密都不合適

心理學家詹姆斯·盧格博士認為，與鄰里相處得如何往往能體現一個人心理健康的水平。「仇視與拒絕型」（怕鄰居是壞人）、「無原則型」（直接把鄰居家當自個家）和「競爭型」（把鄰居當成競爭對手）這三種類型的鄰里關係在現代都市普遍存在著，而更多的人則把鄰居看成永遠的陌生人。對於越來越多的「老死不相往來」的鄰里現象，心理專家提出了幾條建議。

一是主動交往。現代城市高樓林立、獨門獨戶，許多人連自己的左鄰右舍姓啥名誰都不知道，對鄰里發生的事情是「事不關己，高高掛起」的態度，這是無法建立親善友好的鄰里關係的。因此要主動交往，關心鄰居，幫助鄰居，主動尋找交往的機會，增加交往的頻率。

二是以誠相待，樂於助人。應視鄰居為長久的夥伴，誠心與之相處。不要視若路人、虛情假意，不要在需要利用鄰居時才去討好鄰居；鄰居有求於我時，討價還價，或者施恩圖報，這些都是不真誠的態度。要將鄰居的困難當成自己的困難，主動幫助。你幫鄰居越多，鄰居就越會真誠待你。

三是理解和尊重。人有獨立的人格，家有獨立的家風，對鄰居的家庭成員要尊重，對鄰居家的習俗、家風也應予以尊重。不要隨意干預鄰居家的事務，欺侮鄰里成員；勸慰和調解也要適當，多一分理解和尊重，自然會多一份親密和友好。

四是溝通和交流。鄰里相處也會有各種矛盾，比如孩子之間的糾紛，住宅環境的相互影響，別人的說三道四、挑撥中傷等。有了矛盾就應及時溝通，坦誠交換意見，「大事化小、小事化了」，消除隔閡，和睦相處。

五是鼓勵多形式的交往。可鼓勵孩子間的交往，使孩子們成為好朋友；鼓勵老人間的來往；密切女性之間的往來等。也可以組織一些共同的活動，如旅遊、舞會、喜慶活動等。另外，互贈禮品、互通有無、互換訊息等，也都可以增進鄰里感情。

六是求同存異。這是人與人之間交往的原則之一，也可應用於鄰里交往之中。放大兩家共同的東西，承認理解兩家的差異，使鄰里關係不斷向更好的方向發展。

小叮嚀

雖然居住在冰冷的鋼筋混凝土築成的叢林裡，可人們的心臟不會因此而冬眠。有著靈魂和思想的人們，除了緊張忙碌的工作和應酬外，也需要與朋友交流和溝通。不要總抱怨紛雜的社會交朋友真難，不要總嘮叨生活的天地孤立無援，怨只怨自己沒有打開心門。也許你的朋友就在門的那邊，找到他（她）只需要你付出真誠的笑顏……

鄰里關係並非那麼複雜。吃了嗎？下班了？出門呀？……一個簡單的招呼，再平常不過，卻飽含溫情。鄰里之間就是這樣，平淡的問候、會心的微笑、

善意的提醒、細心的安慰……生活漸漸豐富起來，對於想處好鄰里關係的我和你，不妨打開房門接受別人的問候，或試著向鄰居問個好，送上祝福……

清代有個「六尺巷」的故事。宰相張英與一位姓葉的侍郎都是安徽桐城人。在安徽老家，兩家比鄰而居，都要起房造屋，卻為爭地皮發生了爭執。張老夫人便修書北京，要張宰相出面干預。沒想到，這位宰相看罷來信，立即作詩勸導老夫人：「千里修書只為牆，讓他三尺又何妨？萬里長城今猶在，不見當年秦始皇。」張老夫人見書明理，立即主動把牆往後退了三尺。葉家見此情景，深感慚愧，也馬上把牆讓後三尺。結果，在張、李兩家之間讓出了一條方便鄉鄰的六尺小巷。於是，有市井歌謠云：「睜一隻眼，行不通。讓一讓，六尺巷。」

（三）「鄰里節」促進社區關係更和諧

家有煩心事

2009年7月的一天，細心的行人發現，在中國重慶市觀音橋到渝中區的路上，更換了兩則戶外廣告：「金科鄰里節，打開家門，敞開心懷。」這兩則廣告，一則位於渝澳大橋一居民樓樓頂，一則位於社區達美‧菁英年代的樓上，而吳姐就是住在達美的一位普通市民。和所有看見這兩則戶外廣告的人一樣，心裡有一種莫名的東西被輕輕撥動，吳姐說，她不知道究竟是什麼，怎麼來表達，可以確定的是，有一份溫暖在心裡悄悄流淌……

吳姐所住的小區有幾幢透天厝，其中E幢是都更樓，大多是拆遷居民回遷。最讓吳姐羨慕的是，E幢業主由於是老鄰居，每到夏日，這些老街坊仍保留著十多年前的習慣。吃完晚飯，大嬸大爺們都帶上小板凳聚集在E幢樓前，乘涼順便話家常。

而公寓性質的C幢，雖與E幢同在一個小區，相距不足50公尺，鄰里關係卻是另一種情形。去年C幢一新住戶搬家，由於隔壁鄰居不認識，一小偷順手牽羊拿走了鄰居裝有1900元現金的包。事後鄰居才說看見有人拿包，以為是幫鄰居搬家的，沒太在意。

E幢11-8住著一位年近80歲的老太太，兒女不在身邊，身體一有不適，鄰居就會帶她去醫院檢查；C幢由於是公寓，很多外地人入住，鄰里之間雖然非常客氣，但相互幫助卻不常有……因為不相識，鄰里之間缺乏瞭解，更缺乏交往的熱情，更少了鄰里之間的守望相助。

心理透視

鄰里節：讓「陌鄰」變「睦鄰」

近年來，隨著城市化進程的加速，越來越多的人從院子、巷弄搬到了高樓、大廈。人與人之間因為一道門的阻隔而開始冷漠、麻木，幾千年的傳統在城市化進程中煙消雲散，鄰里的感情積澱因為鋼筋水泥的澆灌而支離破碎。越來越多的都市精英人群在繁華的城市越來越缺乏安全感，而這種對於安全感的缺乏來自競爭所導致的社會冷漠，出於對自我保護的需要。大部分人都懷著戒備之心，戴著面具生活、工作，在他們的心中，一塊堅冰已經形成。而與之相對應的，則是人們對於交流、對於傳統親情更加迫切的渴求。在這樣一個高速推進、日趨浮躁的時代，我們該如何尋回記憶深處的鄰里感情？

治癒鄰里間冷漠的「現代都市病」任務艱巨，需要各方的共同努力。在物質文明建設的基礎之上，重建和諧鄰里，應由政府主導，社區、企業積極參與，媒體輿論引導，市民支持，志工、義工補充……社會方方面面「一個也不能少」。只有全社會動員起來，鄰里和諧才能成為一種普遍的社會現象。而「鄰里節」的活動，讓社區中陌生的鄰居熟悉起來、疏遠的鄰里親近起來、寂寞的樓道熱鬧起來，使平等互助、團結友愛、熱心公益、奉獻社區的新型鄰里關係正在形成。

一位網友藉著「鄰里節」的徵文活動，以「致我的好鄰居」為題給幫助過她的鄰家二老寫信。她說，或許老人不會看到，可仍想說出平日羞於表達的感激。這位網友回憶，在汶川地震時，鄰家任婆婆在所有人都拚命往安全地方跑時，想到了她的母親和女兒是否安全跑下來；在小區突然停電時，隔壁爺爺第一時間為她家的婆孫倆送來蠟燭；鄰家餵著一隻母雞，每天都會下

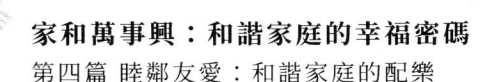

一個蛋，二老自己捨不得吃，每天卻做好了給她女兒吃……在這位網友看來，擁有好鄰居，就是擁抱好生活。

和諧密碼

和諧社區需要新型的鄰里關係

「鄉田同井，出入相友，守望相助，疾病相扶持，則百姓親睦。」這是孟子對理想鄰里關係的描述。然而，隨著經濟的發展、社會的進步，傳統的社區鄰里關係已被現代社區多元化的新型鄰里關係所代替，社區矛盾也更加突出。如業主與業主之間、業主與物業管理公司之間、業主與開發商之間的矛盾等，已遠不侷限於過去社區內家庭糾紛、鄰里糾紛的範圍，如果不能有效解決和控制，就會影響社區乃至社會的穩定和發展。因此，建立良好的鄰里關係，可以化解社區矛盾，促進社區建設。

(1) 拓展空間，提供更多交往的場所。可以充分利用社區現有空間，提供一些有利於溝通交流的場所。如可以在電梯間、局部走道旁等位置設置舒適的座椅，讓居民在等待的時候可以有條件、舒服地聊聊天；可以在公共綠地間隙處適當安裝桌椅和健身器材，讓居民在閒暇的時候健健身、喝喝茶、下下棋、聊聊天等；利用架空層、轉換層等空間，設立閱覽室、棋牌室、健身房等，這樣既可以縮短業主之間的距離，增加交流溝通的機會，又能增進友誼，改善鄰里關係，社區也會更加和諧。

(2) 建立社區「安親班」。為了方便廣大居民，讓社區內的孩子們不出社區就能擁有一個健康益智的寓教於樂的場所，可以把安親班模式引進社區。透過開辦鋼琴、舞蹈、美術、聲樂、口才演講、形體操、電腦等培訓學習班，培養孩子的藝術感受力，挖掘孩子的藝術潛質。孩子們在一起學習玩耍，既學到了知識，增長了見識，又結交認識了更多的小朋友，家長們也能彼此相識。

(3) 打造社區「沙龍」。社區「沙龍」可以根據居民的不同年齡段、興趣愛好、作息時間等，組織各種不同形式的知識講座和不同形式的聯歡晚會。如健身保健知識講座、投資理財知識講座、防火防盜等安全知識講座以及慶

中秋、元旦等聯歡晚會，讓大家充分感受大家庭的溫暖，做到小孩開心，老人歡心，年輕人放心。

(4) 積極建構網路社區。現代城市幾乎家家都有電腦，可以透過它建立網路社區，使大家即使足不出戶，也能交流溝通。也可以自發地聯合起來，尋找相同的話題、愛好、近似的生活方式以及對社區的共同關注等，在網路論壇上發表意見。還可以透過這個平臺，根據愛好興趣形成若干個小圈子，組織社區活動。

(5) 組建社區俱樂部。社區俱樂部是另外一種新型鄰里關係的代表，由擁有共同愛好的住戶組成，在這裡大家都是平等的。例如，車友俱樂部、足球俱樂部、攝影俱樂部等，它們不是營利的團體，裡面所有的人既是鄰居，又是俱樂部成員，大家只是為了讓共同的愛好能夠有一個釋放的渠道，同時達到降低成本、增加交流溝通的目的。俱樂部每年都要制訂詳細的活動計劃，如舉行社區內部足球聯賽、攝影展、週末郊遊活動等。早晚上下班的時候，大家也可以三三兩兩搭順風車。這些鄰里交往模式，培養了社區成員的自治互助精神，增強了社區的歸屬感，更有利於社區建設。

小叮嚀

鄰里「E」關係，牽動你我他

如何讓小區居民打破鋼筋混凝土的阻隔？如今這個問題正隨著網路的快速發展得到逐步改變。不少小區的鄰居們運用便捷、高效的網路，透過建立LINE群組、論壇等形式，完成了從網路交流到現實交往的轉變。LINE等新型媒介促使了鄰里間陌生堅冰的消融，伴隨而來的正是「E」線牽的新型鄰里關係。

網友小葉是高新區某公寓LINE群組的組長。談起當初建立這個群時，她告訴記者，最初鄰居們都是在一個房產網站論壇上相互認識的，買房後她成立了這個LINE群，並邀請鄰居們加入。一開始大家談論的話題僅限於房子裝修等問題，後來慢慢地發展到生活中的方方面面，而且隨著現實中的接

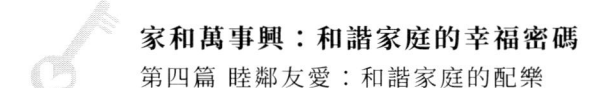

觸逐漸增多，鄰里間的關係自然也就越來越融洽。可以說，是對家的美好願望讓他們從網路熟人變為真正的鄰居。

　　現代社會生活的快節奏阻礙了鄰里之間的溝通，而 LINE 等社交軟體的興起，正好彌補了鄰里之間溝通不足的遺憾。它為市民提供了一個可以增進瞭解、彼此關心幫助的平臺，把網路空間的討論與現實生活的交流交織在一起，引導人們走出虛擬空間，用真情消除鄰里間的隔閡，讓冷漠的鄰里關係變得融洽起來。同時，透過對共同關心話題的討論，針砭時弊，辨明是非，有助於化解矛盾，促進健康的公民社會的形成。

（四）良師益友助推家庭和諧

家有煩心事

　　「你能告訴我嗎？我的女兒為什麼會變成這個樣子？」40 歲的梁姨半是生氣半是傷心地問派出所的警察。問完以後，她狠狠地瞪了女兒阿靜一眼，臉上是一副恨鐵不成鋼的神情。

　　14 歲的阿靜，人如其名，非常的文靜。儘管性格比較內向，可學習成績不錯，在班上的人緣也挺好的。但不知道從什麼時候起，阿靜開始認為多交朋友才會讓自己更加風光。學校裡有的女孩子交了一些社會上的朋友，在學校裡就能「呼風喚雨」，人人都敬上三分，好不威風。阿靜對此看在眼裡，羨慕在心裡。

　　有一次，不知道什麼原因，同年級的幾個在社會上很有「靠山」的女孩子來找阿靜，說要和她交朋友，邀請她放學後一起出去玩。阿靜感到特別榮幸，想都沒想就答應了。這些女孩子帶著阿靜認識了她們在社會上的「哥們兒」，並且拍著胸脯說有什麼事情只要開口，她們一定會極力「挺」她。她們要求阿靜平時幫她們做作業，考試的時候幫她們遞紙條。阿靜拉不下朋友的面子，總是來者不拒，生怕自己落下一個不講義氣的名聲。朋友們常常約上她一起出去和社會上的「哥們兒」聚聚，地點很多時候都是在電動玩具店。阿靜之前從來沒有到過這樣的地方，很快就沉迷其中，慢慢地就成了電動玩具店裡的常客。後來她的成績也開始下滑，漸漸失去了學習的興趣和信心。

為了追求「高消費」，她跟著那幾個朋友，夥同社會上的一幫「哥們兒」攔路搶劫。結果幾個「哥們兒」因為觸犯刑法被依法判刑，而阿靜也被送去勞動教養，原本幸福美滿的一家也從此愁雲慘淡。

心理透視

按照馬斯洛的需要層次理論，人的需要可以分為五個層次。生理需要和安全需要是人生存的前提，社會需要、尊重需要和自我實現的需要是人得以發展的基礎，而對友情的需要則是社會需要的重要部分。每一位家庭成員都有結交朋友的情感需求。良好健康向上的人際關係，不僅能發展自己的情感和精神世界，而且還能助推家庭和諧。朋友，對於一個家庭來說是不可或缺的重要人際關係。

孩子從幼兒園起，就開始逐步地從家庭走向學校這個小社會。在孩子成長的不同人生階段都有不同的交友需要。幼兒期的孩子，需要玩伴陪同做遊戲；童年期的孩子，同伴交往是滿足集體歸屬感的心理需求，它能促進孩子社會認知和社會交往技能的發展；青春期的孩子，處於獨立和依賴、封閉和開放等矛盾相結合的時期，更加渴望向朋友傾訴或尋求幫助，也是開始對異性產生交往興趣的時期，結交朋友對這一時期的孩子來說具有終身意義的影響。朋友對於一個人人格的形成有著深刻的影響，不但會影響言行、穿著打扮、為人處世、興趣愛好，更影響價值觀的形成和對自我的認識。

為人父母者已成年，周圍的朋友圈子已經基本固定，這一時期的朋友交往需求一是出於自身感情的寄託，二是出於利益。一方面，生理和心理的變化、家庭事業的煩惱都需要友情來平衡；另一方面，事業的發展處於穩定期，良好的朋友對於自身、親人以及家庭的穩定有促進作用。對於父母來說，無論是從感情上還是利益上，朋友都是不可或缺的一部分。

家中的長輩處於人生最後的階段，安度晚年是他們生命最後的渴求。對於那些子女不在身邊、老伴離開人世的老人來說，能有個可以陪同聊天、下棋、散步的朋友是心靈空虛寂寞的最好安慰。適當的朋友，能幫助老人積極轉變自己的社會角色，形成樂觀健康的心理。

家和萬事興：和諧家庭的幸福密碼

第四篇 睦鄰友愛：和諧家庭的配樂

大千世界，茫茫人海，與你擦肩而過的人很多，和你相識的人也是不計其數，但是有血緣關係的親人屈指可數，除了親人之外，還有另外一種人。這種人跟你儘管沒有血緣關係，但他們像親人一樣關心你、愛護你、幫助你、在乎你，這種人就是朋友。

和諧密碼

怎樣選擇朋友很重要

古語有云：「近朱者赤，近墨者黑；交友之道，莫敢不慎。」要結交朋友，選擇很重要。許多人往往弄不清楚朋友的真正含義，甚至錯誤地認為，建立在滿足自己慾望之上，依靠吃喝維繫的酒肉朋友才夠情義。而事實上，人們往往因為這樣的狐朋狗友講所謂的情義，不論是非，才犯下大錯。對犯罪人員的調查表明，因交友不慎而犯罪的人占了很大的比例，這類教訓是非常深刻的。

支持並引導孩子選擇自己的朋友。兒童期的孩子，對友誼的認識要經歷一個從短期遊戲夥伴關係到單向幫助關係，再到雙向幫助關係，最後到親密而又持久的共享關係這樣一個發展過程。同伴交往有利於兒童自我概念的發展和良好個人品質的形成，兒童間友誼的形成為今後的社會交往奠定了重要的基礎。父母要珍惜並尊重孩子的夥伴關係，必要時為孩子創造交友環境，積極給予協助和引導。青春期的孩子，情感細膩敏感，同伴交往和尊重認可對於實現孩子的自我同一性非常重要。孩子對家庭的依戀轉向夥伴群體，第二性徵的出現讓他們對異性開始產生興趣，這是一種正常且積極的現象。父母不應該暴力阻止或強行施壓，應給予關懷並尊重孩子的隱私，同時積極與孩子的朋友做朋友。

慎重交友，潔身自好。父母作為孩子最好的榜樣，言傳身教、身體力行是最好的教材。作為成年人，他們見慣了世態炎涼，更懂得朋友的珍貴和意義，更加珍惜每份友情帶來的感動和幫助，也更加懂得如何與朋友相處。要尊重朋友、珍惜友情，不與行跡惡劣之徒往來，不做有違倫理道德之事；維

持好友情、愛情、親情的天平，以良好的友誼來豐富自己的人生觀、價值觀，給孩子樹立一個榜樣。

支持老人結交更多朋友。時刻關注家裡老人的心理和身體健康狀況，儘量不干涉老人的社交活動。這有利於老人形成睿智的良好品質，使老人的自我價值得以延續，生理和心理都得到良好的轉變和滿足，真正做到「家有一老，如有一寶」。

好朋友能促進並完善家庭的和諧環境。好的朋友，給家庭帶來的幫助不僅是物質上的豐富，更是情感上的彌補。反之，交友不慎所帶來的影響絕不是個人的，而是家庭的。它可能影響家庭中每個成員的生活，對整個家庭造成危害。必須承認，和諧家庭的建構離不開外界環境的營造，朋友圍繞在每個家庭成員之間，並相互有交集，好的友情有利於推動好的親情，成就好的家庭環境，建構內外兼備、真正和諧的家庭。

小叮嚀

友誼建立的基礎應該是：真誠平等、互幫互諒、共同追求。在還未瞭解對方基本品質之前，僅憑一時的談得來和相互欣賞就貿然地把自己的信任與情感全盤托出，這樣往往容易為以後不良關係的發生埋下伏筆。恪守「日久見人心」的古訓，透過與他人的多次交往，透過多觀察對方的言談舉止，就可以洞悉對方的個性、愛好、品質，察覺他的情緒變化，從而判斷他是否值得深交。

美國作家馬克·吐溫對於如何選擇朋友有一段忠告，他說：「不要接近那些竭力使人喪失信心的人，這是渺小的人所固有的特點。偉大的人物則相反，總是使你產生一種感覺：你可以成為偉人。」從善而擇，和好人交朋友，自己才能提高、完善。所謂「與善人居，如入芝蘭之室，久而不聞其香」，長期與一個人在一起，自然會受到他潛移默化的影響。因此，一定要善交益友、不交損友、樂交諍友。益友，能夠幫助自己上進；損友，會對自己的道德品行產生不良影響；諍友，能夠直言不諱地指出自己的錯誤，批評幫助自己。

家和萬事興：和諧家庭的幸福密碼
後記

後記

　　家庭是構成社會的最小細胞。有統計資料表明：截至 2010 年上半年，中國已有 3.74 億個家庭。孟子曾說：「天下之本在國，國之本在家。」家庭是否和諧，關係到每個人的幸福，每個家庭的穩定，進而關係到整個社會的健康穩定。所謂「家和萬事興」，因為和能興家、和能興業、和能興邦，和能增長國民志氣，和能凝聚國家無堅不摧的力量。

　　然而在現實生活中，並不是所有的家庭都是和諧美滿的。最近，筆者看了一部關於緝毒案件的電視紀錄片，片中所報導的毒販有著令人可憎的犯罪行徑，但也有著值得同情的家庭故事。片中一名毒販說了一句讓人印象非常深刻的話：「當我被警察抓到的時候，有種輕鬆的感覺，似乎監獄比家更像是我的歸宿……」當一個人覺得家庭比監獄更冰冷時，犯罪幾乎成了他唯一的選擇。不幸的人也有相似的不幸，背後總是有著一個問題家庭。雖然本書並不能完全消除所有的家庭問題，但至少可以讓家長掌握更多的方法，透過建設和諧家庭來塑造和諧人格，透過家庭和諧來營造社會和諧。

　　本書從夫妻關係、親子關係、婆媳關係、社會關係四個方面出發，透過對家庭中常見案例的剖析，強調了如何讓家庭關係和諧健康。家庭關係和諧最基本的原則有兩個：愛和自由。愛，令關係親近；自由，令關係保持適當的距離。兩者同時兼備，是一切和諧關係的真諦。

　　本書由具有心理學教育背景的老師共同編寫。黃亞凝擔任主編，負責全書的框架結構設計，指導具體撰寫工作，並進行審稿、定稿；陳敏、鄒莉、周仲瑜、周新洋、王亮任副主編，負責具體篇章的撰寫工作。本書共四篇，各篇編者如下：第一篇，鄒莉、周仲瑜；第二篇，周新洋、陳敏；第三篇，王亮；第四篇，黃亞凝。全書統稿和編排工作由黃亞凝、揭財明、徐蔚完成。

　　在寫作過程中，我們參閱或引用了有關專家學者的專著、教材、論文和網站的一些觀點和材料，在此謹向這些文獻資料的作者表示衷心的感謝。此外，鄭持軍、杜珍輝二位對書稿的策劃、修改、優化提出了寶貴的意見和建議，在此一併表示感謝！

家和萬事興：和諧家庭的幸福密碼
後記

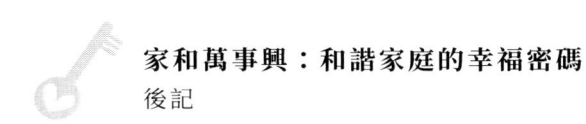

　　由於水平有限、時間倉促，書中難免有一些不足之處，敬請各位專家和學習者批評指正，以期再做修訂。

國家圖書館出版品預行編目（CIP）資料

家和萬事興：和諧家庭的幸福密碼 / 黃亞凝 主編 . -- 第一版 .
-- 臺北市：崧燁文化，2019.07
　　面；　公分
POD 版

ISBN 978-957-681-874-5（平裝）

1. 家庭關係 2. 通俗作品

544.14　　　　　　　　　　　　　　　　108010021

書　　名：家和萬事興：和諧家庭的幸福密碼
作　　者：黃亞凝 主編
發 行 人：黃振庭
出 版 者：崧燁文化事業有限公司
發 行 者：崧燁文化事業有限公司
E-mail：sonbookservice@gmail.com
粉絲頁：　　　　　　網址：
地　　址：台北市中正區重慶南路一段六十一號八樓 815 室
8F.-815, No.61, Sec. 1, Chongqing S. Rd., Zhongzheng Dist., Taipei City 100, Taiwan (R.O.C.)
電　　話：(02)2370-3310　傳　真：(02) 2370-3210
總 經 銷：紅螞蟻圖書有限公司
地　　址：台北市內湖區舊宗路二段 121 巷 19 號
電　　話：02-2795-3656　傳真：02-2795-4100　網址：
印　　刷：京峯彩色印刷有限公司（京峰數位）

　本書版權為西南師範大學出版社所有授權崧博出版事業股份有限公司獨家發行電子書及繁體書繁體字版。若有其他相關權利及授權需求請與本公司聯繫。

定　　價：280 元
發行日期：2019 年 07 月第一版

◎ 本書以 POD 印製發行